JN157723

科学的人間と権力政治

Scientific Man vs. Power Politics

Hans J. Morgenthau

ハンス・J・モーゲンソー

星野昭吉／髙木有【訳】

作品社

『科学的人間と権力政治』／目次

Scientific Man vs. Power Politics

by Hans J. Morgenthau

@1946 by The University of Chicago Press

Chicago, Illinois, U.S.A.

科学的人間と権力政治

先入観は、知識の一部や精神の働きを追い払ったり至高にしたりするが、判断の誤りだけでなく、真理への純粋な傾倒と不即不離の知的謙虚さという弱点もさらけだす。それは、かつて人間の決めごとが打ち立てたことのないものの構造を、批判したり無効にできる。それは、真理の古く正しい考えを多数の中の一つと片づける。実際われわれにみるように、こうした誤りの多くは、科学教育の特殊で特異な性格に起因するようだ――その性格は次第に育ちつつある。

――ジョージ・ボール『思想の法則研究』
(ロンドン、一八五四年)四二三―二四頁。

……そして政治は、人間の理性的なものではなく、人間の本性に適応されるべきだ。理性は人間本性のほんの一部であって、決して最大のものではない。

――エドマンド・バーク「最新刊『国家の現状』について」
『エドマンド・バーク著作集』第一巻(ボストン、一八三九年)三一七頁。

まえがき

本書は、「自由主義と外交政策」という講演を基に成立している。この講演は一九四〇年の晩夏、ニューヨーク市社会研究所新校において、「自由主義の現在」と題されたシリーズの一つとして行なわれた。ドイツによるフランス陥落の衝撃を受けて、私はこの講演を、次のモンテスキューの『ローマ人盛衰原因論』第十八章からの引用によって始めた。

「世界を支配するのは運命ではない。そのことをローマ人に確かめてみるならば、彼らは、ある一つの構想に基いて導かれていた時には一連の相次ぐ繁栄を経験し、他の構想に基いて行動した時には絶えることのない挫折の連続に陥ったことが分る。あらゆる君主政国には、それを興隆させ、維持し、あるいは没落させる、精神的もしくは物質的な一般的原因がある。あらゆる偶然の出来事はこの一般的原因にも従属している。そして、ある戦闘という偶然、すなわち、特定の原因が国家を破滅させたとすれば、そこには、ただ一度の戦闘でその国家が破滅しなければならぬ一般的原因があったと言える。要するに、主要な傾向があらゆる個別的な出来事を引き起すので

ある。」(田中治男・栗田伸子訳、岩波文庫)

本書は、偶然が歴史に果たす役割を意識しつつ、特定の出来事が見た目の病状にすぎない一般的原因を探究する。特定の出来事は、時代が、特に国際舞台にもち出す政治問題を現代社会が理解したり、処理できないことの表れにすぎない。一般的原因への考察は、西欧世界の政治思考における一般的衰退を物語っている。この衰退は、あらゆる問題を、より特別には現代人が直面するすべての政治問題を解決できる科学の力を信頼することに最も典型的に表われた。本書の目的は、何故科学の補う力へこの信頼が置き違えられたのかを示し、この信頼が起こり、それが現われる哲学的・政治的思想の中の要素を指摘し、そして最後に、社会の問題だけが生みだすこうした知的・道徳的能力を表わすことである。

本書の論点の一部は準備作業の形で、一九四四年シカゴ大学社会科学部主催の下に、「科学的幻想と国際秩序の問題」という主題で行なわれた一連の講演の中で一般聴衆に提示された。私はアメリカ哲学学会に多く負うところがあり、同学会は一九四〇年から四二年にかけて、本書を準備する研究をペンローズ基金の補助金で援助してくれた。この研究の各段階についての報告は、アメリカ哲学学会年報の一九四〇年版(二二四〜二五頁)、一九四一年版(二一一〜一四頁)、一九四二年版(一八八〜九一頁)に見ることができる。私はまたシカゴ大学社会科学研究委員会に感謝したい。同会は、この原稿の完成まで一九四四年からこの仕事を援助してくれた。

私はシカゴ大学のフランク・ナイト教授とエール大学のポール・ワイス教授に深く感謝している。両教授は全原稿を読んでくれた。私は彼らの示唆の多くに従い、全ての批評を大いに参考にした。彼らとの賢明かつ寛容な話し合いは、自分の考えを明確にしたり、私と他の研究者との一致や対立をかなり十分に認識させたりすることに役立った。シカゴ大学の多くの同僚は私を励まし、特定の個所について忠告してくれた。私は彼らに感謝しなければならない。

以下の刊行物や出版社は、私が以前出版した論文の使用を快諾してくれた。*American Journal of International Law*, Conference on Science, Philosophy and Religion, *Harvard Law Review*, *International Journal of Ethics*, *University of Chicago Law Review*, *Yale Law Journal*.

一九四六年七月二十七日

ハンス・J・モーゲンソー

第一章　科学的人間のジレンマ

現代の風潮

二つの傾向が社会に対するわれわれの文明的態度を規定している。一つは、現代科学に代表されるように、現代の社会問題を解決するにあたっての理性の力への信頼であり、いま一つは、こうした問題解決のために科学的理性がこれまで何度も繰り返してきた失敗への失望である。こうした失望の傾向はわれわれの文明にとって、新しいものでないばかりか、特有のものでもない。人類の知的・道徳的歴史は、内面的不安と、切迫する破局の予感と、形而上学的心配に満ちた一連の物語である。こうしたことは、人間が自ら意識しつつ、これまで喪失した動物的無垢と安全を、今や宗教や道徳、そして自身の社会のなかで再びとりもどそうと抗争しつづけている存在であることに起因している。現在の状況で新しいのは、こうした不安が一般に存在することではなく、一つはこうした不安が強くまた混迷をきわめていること、いま一つは哲学や政治思想の中にこれらが取り上げられていないことである。

かつてブライス卿は「アメリカの政治と憲法はカルヴィンの神学とホッブズの哲学に立脚している」との文章を引き、ついで「この精神を一七八九年のフランス人の熱狂的楽観主義と比べてみよう」▼1と付け加えている。むしろ彼は「この精神を現代の哲学と比べてみよう」と付け加えるほうがよかったかもしれない。カルヴィンの神学やホッブズの哲学と現代精神との違いは、現代の哲学を前合理主義的伝統と隔てる溝がいかに大きなものかを立証している。さらに、この隔たりは現代哲学の中心思潮をも一般感情と隔てており、そこに見られる社会不安は哲学思想における有意義な反応がないことで深められている。

しかも現代文明の危機こそがまさに、現代の合理主義哲学では二〇世紀半ばの経験を意味づけられないさらに強い徴候に直面しているのに、現代文明がその仮説になお固執することの中に表われている。現代文明は、たとえこの時代の国内外の経験がこうした仮説に反していようと、現実の社会では自然科学モデルに従って構想された合理的支配が可能なものと想定する。しかし、こうした仮説が修正されるべきか否かを自問することなく、この時代は最大限この仮説を防御し、またそうすることでこの時代の思想と経験との間の矛盾を深めることになるのだ。結局、思想と経験との間に見られる絶えず広がっている溝が思想も行動をも無力なものにする。この時代は、（経験がそれと矛盾するために）無効な哲学も、（不安の哲学は変化を容認できないために）はるかに有効な哲学も、受け入れることが不可能となろう。もはやこの時代が解きえぬ問題に直面することもその回答に直面することもあるまい。まず不快な混迷の時代が訪れ、ついで冷笑的絶望の時代が続き、そしてついには内外の敵に圧倒されることになる危機が到来する。

哲学の危機

哲学を論ずる際にわれわれは、その時代が立脚している無意識な知的仮説、つまり思想や行動に意味を与える人間と社会の本質についての基本的確信に言及することになる。この哲学の重要な特色は、一連の論理的推論を通じて予備仮説あるいは経験仮説から哲学・倫理そして政治学といったものの真理を発見し、さらにそれ自体の内的諸力によってそれらの真理のイメージの中で現実を再構成する理性への信頼である。こうした哲学はその古典的実現の基盤を十七・八世紀の合理主義においている。しかもその影響力は十七・八世紀を越え、哲学上のどの学派とも距離をおいた一思考形態として現代の精神も支配している。古典的意味での合理主義がその仮説をア・プリオリ（先験的）な仮説から引き出したのに比べると、十八世紀後半からの哲学はその基盤を経験の中にもとめ、科学となろうとしてきた。元来の合理主義哲学が科学用語の外見の下にわれわれの文明の中に及ぼす持続的影響力を別とすれば、十七・八世紀の合理主義、および十九・二十世紀を支配した思考様式は二つの点で性質を同じくしている。そのいずれもが合理主義的仮説に根ざしているが、その一点は、社会と自然の認識は明確にできる同一の合理的方法を通じて理解可能ということであり、もう一点は、合理的方法によって理解されたものは社会や自然の支配にとって有効であるという確信である。十七世紀から現代にかけて、合理主義は、社会と自然を理性の下に統合し、同一の合理的原理を適用することで双方の領域に人間精神を形成する能力を保持してきた。

十九・二十世紀に科学への信頼はこうした思考様式の主要な表現となっている。こうした科学への信頼は現代をそれに先行する時代と区別する一つの知的特徴である。どれほど哲学的、経済的、政治的に異なる信頼を人々が保持しているとしても、彼らは、科学が少なくとも潜在的には人間のあらゆる問題を解決できるという確信で結びついている。この点で、社会の問題と自然の問題は基本的に同一視されており、社会問題を解決するには自然科学の方法を社会領域へいかに大量に取り入れていくかに依存する。これが、ジェレミー・ベンサムとカール・マルクス、ハーバート・スペンサーとジョン・デューイが立脚する共通の基盤なのである。

政治の領域でこういう思考様式は、自由主義政治哲学が最も典型的に代表している。しかもそれは自由主義政治思想の支持者に限定されることなく、非自由主義思想にも及び、それによってこの時代の政治思想の典型となってきている。クレムリンとホワイトハウスとの、また自由主義者と保守派との違いがどのようなものであろうと、全てのものが、たとえ今のことではなくとも少なくも究極において政治は科学――たとえ現代とは意味の違うものであろうと――にとって代わらるという信念を共有している。

合理主義者の思考様式は事実上、十八世紀の転換以来変化しておらず、これに比べると当時の生活状態は歴史的にも最も急激な変化をとげてきた。われわれは過ぎ去った十八世紀の様式によって思考し、二十世紀半ばに生きているのである。十八世紀の哲学的・政治的理念が特定の時間的・空間的状況の下で永遠の真理を描くことができたのであれば、それらは現代のみならずいつの時代の思想や行動をも説明することができるかもしれない。プラトンやアリストテレスの政治哲学のように少なくとも部分的にはこう言える哲学は存在してきた。しかし十八世紀の哲学はこの種のものではない。それはむしろ、せいぜいのところ特定の歴史的経験の下でのみ真実である人類学的・社会的・政治的仮説を、永遠の真理らしく見せる哲学的仕組みである。産業革命と中産階級の勃興という歴史的経験は異なる歴史的地平を切り開いたのであるが、その時代の哲学は、まるでその教義が歴史過程の修正を受けることがないかのように、今だに西欧精神を支配しているのだ。

合理主義の哲学は人間の本質、社会の本質、そして理性自体の本質を誤解してきた。それは人間の本性が三つの側面、生物的・理性的・精神的側面をもつことを見ようとしない。人間がもつ生物的衝動や精神的野望を否定することで、それは理性が人間の生存に果たす役割を誤解し、倫理の問題を特に政治の領域で見誤り、さらに自然科学を社会救済の手段として誤用している。自然科学の本質からしても社会の本質からしても、自然科学は社会救済の手段として通用しないのである。

政治哲学としての合理主義は、政治の本質も政治行動の本質も共に誤解してきた。理論と実践の面で合理主義が勝利したかに見えた両大戦間の時期は、その知的・道徳的・政治的破綻をも立証したのである。たしかに歴史とは偶然的なものである。パスカルを信じれば、もしクレオパトラの鼻がもっと低ければ歴史は変っていたであろう。しかし二十世紀の三〇年代や四〇年代初頭の政治的・軍事的破局を、そして四〇年代半ばの政治危機を、偶然な出来事や個人の欠陥のせいにするとすれば、あまりに類型的な見方であろう。それらはただ、この時代の基礎的な哲学仮説に立脚した知的・道徳的・政治的病態の外的表出にすぎないのである。

ファシズムの挑戦

こうした仮説を信じた者たちは、これを信じたが故に戦争に勝ったのだ、と思うのは当然無理からぬことである。けれども、そう思い込むのは短絡的である。軍事的勝利が実際に意味することは、一方の軍事集団がもう一方の軍事集団に優っているということにすぎない。たしかに勝者の方が哲学的洞察や道徳的知識、さらに政治手腕の点で優っている場合もあろう。しかし、たとえそうであったとしても、彼らはこうしたそれぞれの領域での優秀さのおかげでそうあるのであって、戦争技術にたけていることを示したからではない。核兵器の専有が価値の専有と合致する場合もあろう。しかし必ずしも前者が後者を規定するものではない。純然たる事実といっていいものは、西欧文明がファシズムの知的・道徳的・政治的挑戦を全く誤解していたこと、しかも戦場でファシズムを打ち敗ったこの武力に西欧文明が破局の際まで追いつめられたこと、しかし二十年前にその哲学・道徳・政治の健全さに疑いをもつべきであったことなどである。

ドイツやイタリアのみならずわれわれの中にもファシズムが出現したことこそ、われわれが十八・九世紀の教訓から理解した理性の時代、進歩の時代、平和の時代がすでに過去の遺物となってしまったことを確証したはずである。ファシズムは、われわれが信じたがるように、専制や野蛮な支配の先祖返り的復活といった単に一時的な非合理への後退ではない。この時代の技術的成果や潜在能力を支配することでそれは真に進歩的――ゲッペルスの宣伝機関やヒムラーのガス室は技術合理性にかなうものではなかったか――であり、さらに西欧文明の倫理を否定することで、西欧文明の基盤を理解することなくこの文明の教義にこだわる哲学の成果をつみとったのである。ある意味でそれは、あらゆる真の革命と同様、それに先行する破綻した時代の受取人にすぎない。

回答

西欧文明の現状ばかりでなく、それを擁護する者の仕事も、ファシズムの経験から学ぶことができる。ヨーロッパにおけるファシズムの勝利に先行してすでに、今日西欧文明を飲み込んでしまいそうな、社会の現状と公式哲学との間のギャップが存在していたからである。人間は、たとえばこの本で企てられていることなど全く問題にしないような極めて「現実的」人間にしてからが、因果関係によって説明し、しかるべき哲学によって合理化し、倫理学で正当化することで自身の存在を意味あらしめる哲学なしには生きられない。知的仮説の体系としての哲学は静的なものであり、現実の生活は常に流動的である。生活は常に「過渡期」にあり、このきまり文句によって時代が現代の生活経験に対処する知的能力をもたない困惑状態を表現する。哲学と経験とのこうした矛盾に直面した場合、自分の哲学的立場を固守するのは極めて容易であり、また自分の哲学の知的・道徳的優位性を強調しつつ、自己充足的な教条主義の不毛な呪文に代わって、本物の哲学を求めて創造的に修正・改革することも極めて容易である。

しかし、知的勝利とはこうした仕方で得られるものではない。その時代をある哲学が支配し、またその哲学が未来にとって豊かなものになることは、論理学や形而上学の研究グループの基準によってではなく、その哲学が普通人の生活経験との関係によって規定されるのである。市場での抗争のなかで勝利する哲学は、何ものにもまさる大なる信念をもって、市井の人が単に漠然とでありながらも気づき強烈に感じるものを明示し、意味づけをする。

人間はこうした基準をもちあわせていない哲学によってもしばらくは生き続けることもできよう。今だにその仮説を信じ、その勧告に耳を傾け、そして古びた哲学の良く知られた教義と新しい生活の中で経験したこととの食い違いの中で、真偽・善悪・正邪の区別がつかなくなるかもしれない。しかし人間は、自分の経験と明らかにかけ離れた哲学をいつまでも受け入れることはない。自分の生活や同胞の生活に対する不条理な勢力の威力を経験した場合、人間は「理性への呼びかけ」にいつまでも耳を傾け続けはしまい。自分たちが保有する道徳や社会経験と昔の人々がもつそうしたものとの間に進歩などは見られぬことが知れた場合、彼は「進歩」をいつまでも信じ続けることはあるまい。彼は科学の補修力を、それが結果的に科学の領域におけるその道徳的曖昧さと社会領域におけるその科学的曖昧さであることを明らかにした場合、いつまでも大事にすることはあるまい。自分の内外の生活が恒常的な抗争と紛争にさいなまれていれば、彼は人間の生存のための本質的に調和的仕組みが真実であるといつまでも信じることはないだろう。

人間は自分たちの抱える疑問に回答することなしに生きられないし、その回答が西欧思想の伝統的な擁護者から用意されるのでなければ、彼はそれをどこか別の処に求めることになろう。彼はもはや信じられなくなったものよりも、自分の経験とのずれが少ないと思える哲学ならどんなものにでも頼ることになろう。こうしてドイツ人は合理主義や自由主義ともどもあらゆる西欧の伝統を拒否する一方で、彼らの経験を再解釈し、彼らの行為を導き、また新しい社会を建設することを約束する哲学をファシズムの中に包含したのである。ファシズムが実践哲学として失敗したのは、それが人間とは政治操作の客体であるばかりでなく操作に屈しない資質を賦与された道徳的人格でもあるという人間の本質を理解しなかったからである。ファシズムの失敗とその軍事的敗北によって西欧文明は、自分たちの哲学を再検討し、自分たちの仮説を修正し、その伝統を現代生活の経験や緊迫した情勢に調和させる、もう一つの機会を得たのである。

こうした作業は決して異常なことではなく、あらゆる創造的な時代にとって一般的なものである。あらゆる哲学は自然の真理とするものを、理性の権威に立脚し、現代が科学と呼ぶ客観性を要求しつつ、確固たる有効性をもつ仮説にまで高めようとする。それに続く時代は常に、自分の経験に照らしてこの要求を検証し、時間的・空間的条件の制約を受けた一つの真理が新たな時代にも自らを永続せしめようとする場合にはこれを拒否しなくてはならない。このようにして古代文明の知識(シエンティア)は、西欧世界の意識に新たな内的経験を導いたキリスト教哲学にとって代られた。この新しい哲学は中世の幾つかの学派に見られる擬似科学的な教義へと形骸化され、中世のそれらの学派はまた経験科学の経験より生まれた新たな哲学に打ちのめされた。こうした再生の作業——これは同時に破壊の作業でもある——を行なう能力が、その時代の知的活力を測る尺度なのである。

現代の教条的科学主義が、この時代の社会問題、とりわけ政治問題の説明に失敗したこと、そして成功する行為を指し示すことができなかったことは、合理主義以前の西欧の伝統に照して再検証することが必要になる。この再検証は、万人に共通する権力欲求に起因した権力政治がこうした理由から社会生活そのものと不可分であるという仮説から出発しなくてはならない。政治領域から権力政治——どんな政治哲学や政治体系の能力をもってしても克服することができないので——を排除するのではなく、権力政治がもつ破壊性を排除するには、科学時代の理性とは異なり、それに優った合理的能力が必要とされる。

政治は理性によって理解されなければならないが、政治のモデルを理性の中に見出すことはできない。科学的理性の原理は常に単純で矛盾がなく抽象的であるが、社会は常に複雑で不条理で具体的である。前者を後者に適用することは、社会的現実は「奥行のない単眼的理性」[3]の攻撃に動じないため無益であるか、意図された目的が破壊的結果をもたらすことから致命的である。政治は技術であって科学ではない。それに精通するために必要とされるのは技術者の合理性ではなく政治家のもつ知恵と道徳的力である。純粋にして単純な理性への呼びかけを受け付けない社会は、ただ政治家の手腕が創造し保持する道徳的圧力と物質的圧力との複雑な混合だけに従う。

権力政治を軽視し、それによってのみ権力政治の制御が可能になる政治手腕が無能な時代でも、政治を科学あらしめようとしてきた。そうすることで、その知的混乱と道徳的盲目、そして政治的衰退を証明してきた。こうした書物にできることは病気についてただ描写することだけであって、それを治療することではない。それよりも本書とは意を異にする哲学を奉ずる人々に適切で合理的な説明を提供しなくてはならない。本書は読者から、租税問題から戦争不法化にいたる単純化されすぎた問題の合理的解決が極めて安直に与える高揚感を奪い取らねばならない。しかし、かつて知られた真理から忘却のヴェイルを取り払うのであれば、それこそ本書が政治の理論と、結局、その実践に対してなしうるすべてなのである。

第二章　科学の時代と社会

合理主義

合理主義が見るところによれば、世界は人間の理性と近づきやすい法則に支配されている。つまるところ、人間の精神と世界を支配する法則の間には基本的同一性が存在する。全く同じ理性が両者を支配しているのだ。この同一性によってはじめて、人は出来事の理由を理解し、理性的行動を生みだす理由を創ることで自ら出来事の主人となることができる。理性の創造力に対するこうした新たな信頼は、十六・七世紀に呼び醒まされて、新たな経験と共に強められた人間精神自体への確信から成育したのである。

このような経験が出現したのは自然界の領域においてであった。偉大な地理上の発見と、コペルニクス、ブルーノ、ケプラー、ガリレオの新しい学説が画期的なものとして出現した。そして彼らはフランシス・ベーコンに自分たちの哲学が表現されていることを知る。十七世紀、デカルトやニュートン、ライプニッツやヴィーコの仕事の中でこの新しい哲学がすぐれた成果を収めた。十八世紀になり、この哲学が初めてその十分な実際的な確証をえたかに思われたとき、ラプラスはかなり偉大な数学者なら、原始星雲の分子分類さえあれば、世界の未来を予知できると主張さえしている。

このように徐々に勝利しつつある知的雰囲気の中でまず試みられたことは、この新しい思考方法を社会領域に拡充し、合理性と普遍性の面で物理学の法則に照応する社会の相互関係の自然法則を発見することであった。もはや人間は自然を規定する合理法則への従属から免れえないと考えられた。一つの法則体系が人間と自然を同様に支配しており、人間はこうした法則を理解することを学ぶことによって、自然を自分たちの欲求に誘導するばかりか、自分たちの進路を知的に鋳直し、運命を支配することができるだろう。E・L・ソーンダイクは最近次のように書いている。「幸福に関わるわれわれの人間性についての考察は、……人間は自身の運命をほぼ完全に支配できそうだということ、もしそれができないのならそれは人間の無知もしくは愚かさによるであろうことを示してきた。[1]」この哲学の初期の代表的人物ド・メイストルが述べたように「何ものも信ずることのなかった十八世紀は何ものにもためらうことがなかった。[2]」

フーゴ・グロチウスは、神の意志とは独自に存在し、人間の理性に理解できる客観法則を通じて支配される世界の理念を彼の「自然体系」の哲学の中で初めて展開させた。フッカーはすでに、自然の法則を認識することに関する限りでは、それらは「超自然的・神聖な新訳聖書の助けなしに理性によって調べることができる[3]」と主張することで、この発展を前もって見越していた。今やグロチウスは自然の法則の起源に関して不敬な思想を表現することで同一の考えを発展させた。たとえ神が存在しなかったとしても自然権は常に存在しただろうというのである。こうして彼は、神の支配が人間による理解と行動を越えている神学的世界という考え方から、人間がその一部であり、人間がそれを理解しそれに働きかけることができる本来の合理的な世界という考え方へ決定的な一歩を踏み出した。同一の哲学的前提から出発したホッブズは、自然を支配する同一の物理法則に、それ故同一の因果法則の冷厳な必然性に従属する社会像を描いた。ラプラスがナポレオンに対し「陛下、この体系の中に神は必要ありません」と述べた際に言及したのはこの種の世界のことであった。アベ・ド・サン＝ピエールがフランス王に対し王室の支配について助言を行なう四十人の専門家からなる政治アカデミーの創設を示唆したことが、この哲学を政治問題に適用した最初であり、それ故、現代の実際的意味での政治学への第一歩であった。[4]

合理主義による四つの結論

人間と世界は、人間の理性が理解し、適用できる合理的法則に支配されているとの基本的考え方から、合理主義哲学は次の四つの結論を引き出す。第一に、合理的に正しいことと倫理的に良いことは同じである。第二に、合理的に正しい行動は必ずや成功するだろう。第三に、教育は人間を合理的に正しい行動へ、したがって善であり成功する行動へ導く。第四に、理性の法則は、社会領域に適用された場合、普遍的な適用性をもつ。

悪が世界に到来したのは理性の欠如によることだった。これこそが原罪であって、人間はそれによって世界を乱してきた。世界そして人間の本質は理性であるから、人間は理性に従って生きることで世界における仕事を成し遂げる。良き生活とはこうした命令に従った生活である。人間行動の成功も失敗も、理性の命令へのこの同じ関係にある。自然の法則との適合が自然での成功を保証するように、社会での成功は理性の法則に応じることである。全ての人々が理性に従えば、人々を分断する紛争は消滅しようし、最悪の場合でも妥協によって解決されよう。人々が苦しむ欠乏は満たされ、人々の生活を破壊する恐怖は払拭されるだろうし、調和と繁栄そして幸福が支配しよう。完全な世界とは全ての人々が理性の命令に従う世界である。これこそ倫理と便宜がともに求めるものである。善と成功はこうした命令に従うことへの代償である。

倫理

倫理が命じ、便宜が要求するところに届かない行動は、理性の自然法についての知識の欠如を示している。不正とは人間行動に適用された無知のことである。悪人とは不成功者と同じく非理性的人間であり、その非理性的人間は、理性の要求するものを学ぶことで善良にも理性的にもなれる無知な人間である。彼が誤った行動をするのは、彼が本来悪だからでも無能だからでもなく、より良いことを知らないからである。ノーマン・エンジェル卿はこう断言する。「われわれが闘うものは悪魔の意向ではない。人間社会の愚かさだ。[6]」ジョン・デューイは次のような言葉でこうした倫理の考え方を述べている。「ヒュームは道徳がまさに経験科学になろうとしていることを証明している。まるで今日のように、社会科学の方法へのミルの関心が実験的研究の論理の再構成につながったように、啓蒙運動の偉人たちは全て、物理学におけるニュートンの勝利に匹敵する道徳原則を探し求めた。ベンサムはこう書いている。物理学はベーコンやニュートンをもった。道徳はそのベーコンにあたるものとしてエルベシウスをもった。だがなお、そのニュートンを待っている。そしてこう書いたとき明らかに彼は、控えめながらもしっかりとその欠けた人物の待たれる空席を満たすことを期したのだ。[7]」こうして教育と啓蒙的宣伝は、すでに進歩的な者の手の中で人事の改善のための主要な武器となる。

こうした合理主義の世界の中で感情は、いやしくもその存在が認められた場合には、副次的な役割を果たすにすぎない。それらはもはや優位をめぐる理性の抗争の中での決定的部分ではない。合理主義以前の時代にとって情熱は邪悪の象徴であり、理性の重大な敵役である。合理主義の哲学でそれは、理性の指導に従う「高貴な」ものである。悪はその中にあるのではなく、誤った考え、理性の欠如のうちにある。それゆえ人間の欠陥は、ことに行動の現場では、感情領域を改善することによってではなく、人間の理性的能力を改良することによって矯正されるべきである。ここで想起されるのはルソーによるド・ヴァレン夫人の道徳的弱さについての解説である。彼はその弱さを夫人の情熱の堕落にではなく、間違った論法、すなわち夫人が誘惑者に唆された一連の誤った論理的結論のせいにしている。

こうした倫理の合理化から、経験的事実とは異なる規範の自律システムとしての倫理の消滅へはほんの一歩にすぎなかった。「でなければならない」と「である」、すなわち規範的なものと経験的なものとの区別と厳密な分離の上に、伝統的倫理は設立された。神の意志や人間の合理的特性によって構想された倫理的命令は、経験的領域を超越し、規範、目的、価値の世界に所属する。十九世紀はこの二分法を、カントによる倫理的命令の形式化に発し、コントによる倫理的規則と科学的法則の同一化に帰着する発展の中で捨て去った十七・八世紀の演繹的理性は、ヒュームやカントの批判の犠牲になり、倫理的命令がもつ規範的性格は演繹的方法を無意識のうちに追求する。経験科学として考えられた理性は、異なる行動に応じた異なる結果を示すことで、人間行動の規則を提示するはずである。

倫理がなお独立の領域として認められているところでも、それは宗教に、また人間が自身の感情的必要を満たす家族や芸術といった私的領域に追いやられている。その時代の二元的道徳はここにその根拠の一つをもっている。しかも規範的倫理がまだおそらくは逃げこめるこの私的領域は、科学時代が到来すれば生き残りえない前科学時代からの残滓とみなされている。科学時代の到来とともに、規範的倫理と宗教自体は消滅し、合理的科学に置き代えられるだろう。

科学的倫理の中で善と悪、理性的行動と非理性的行動とを区別する選択原理は、有効性の原理である。この原理は、積極的な意味では、行動についての予測可能で計算された規則性、生活状態の改善、そして余命の増大を意味するものと理解され、消極的意味では、激情的な行動や暴力行動の不在、困苦・忍従・困窮の不在、その上、死の回避などを意味するものと理解される。伝統的倫理における善が人間の心の中の葛藤や神の恵みの行動を通じてのみ達成されるのに対し、科学的倫理は何が理性的で何が善かを学習する単なる知的過程を通じて人間を完成に導く。しかも、数学の原理のように人間精神[8]に先在する善悪の区別という精神的記憶とは反対に、功利的合理主義の倫理的完成は、ある結果がどのようにある行動に照応しているか、功利的にいえば、ある行動からどのような善が期待されるか、についての経験的知識を得ることにひたすら左右される。

教育と進歩

経験世界で知るべきことの全てを人が知ることを妨げる本来的障害はないので、人間事象の現状とその完成との間の距離は、単に量的性質のものであり、知識を漸進的に蓄積することでのり越えられる。ある重農主義者は一七六八年にこう言っている。「良き政治家や真に良き市民となるには、算数の堪能な子供が費す程度の能力と忍耐を併せもつことで十分だろう。[9]」人々がなお知らぬものを彼らは学ぶだろうし、またそれを無知な者たちに教えるだろう。こうしてますます多くの知識がますます多くの人々に広められることになる。ジョン・スチュアート・ミルは『自伝』の中で次のように述べた。「われわれが何よりも第一に考えたのは人々の意見を変えることであった。証拠によって彼らを信じこませ、彼らの真の利益の何たるかを彼らに知らしめることであった。その利益を彼らがひとたび知った場合、彼らはそれへの関心を意見という手段で相互に強化したに違いないとわれわれは考えた。」ラムゼイ・マクドナルドによれば「独立労働党は……階級闘争を説明的事実と信じているが、……それが政治的方法を提供するものとはみていない。それは教育を通じ、精神的・道徳的質の水準の向上を通じ、また彼らの正義・合理性・知識という理性による計画受容を通じて変革するべく努力する」。したがって人間が自然と社会の問題を解決するに必要なあらゆる知識を獲得するのは単に時間の問題である。再びジョン・スチュアート・ミルを引用すると、「人類が向上していくに応じて、もはや反論されたり疑われることのない多くの学説が絶えず増大しよう。そして人類の幸福はすでに論争の余地のない地点に到達した真理の数と重さによって測られるであろう」。こうして人類の不滅の遺産となる真理の数は、それらが単に論理的推論の手順による理性自体に由来するものであることから、恒久的に必ず増大する。理性はどこであれ、常にそのもの自体と一致する。そのことは論理的推論の原則である。人々はどこであれ常に両者を共にする。正義、自由、博愛といった理性の原理は、ひとたび真実と認められれば、常にそのように認められるであろう。どこであれある社会問題の解決が要められた場合、理性の原理はその原理のもとに諸事実を単に包摂することでそれをもたらすであろう。そのとき社会問題は数学上の問題に酷似している。それらはすべて解決できるし、その解決策は一連の論理的推論を通じて展開されうるまさしく理性の本質に含まれている。

そのときこの哲学は本質的に楽観的な見解であることは言うまでもない。人間は理性において完成に達する能力があるがゆえに、善や成功において完成に達する能力もある。人間が直面するほとんどの問題は単に十分な教育を受けた者が理性の法則を適用することでたちどころに解決できたし、残った問題も、より多くの教育と研究がより多くの人々により多くの便利な知識を与える時間のうちに、同じように解決されるだろう。合理主義以前の時代が救済を他の世界に求めたのに対し、合理主義は今この場に完成の約束を見つける。必然的な進歩と人的事態の限りない完成への信頼は、このように合理主義哲学が到達した必然の結果であり、しかもその結果から一つの哲学体系としての確実性とその前提の実行可能性への信頼が引き出される。ジョン・スチュアート・ミルは『自伝』の中でこう述べている。「父は、理性の影響力が人間精神に及ぶことが可能な場合はいつもその理性の影響力を絶大に信頼していたので、すべての人々が読むことを学んだならば、あらゆる種類の意見や著作で人々に伝えられたならば、そしてまた選挙権により人々が採用した意見を効果あらしめるため立法部を選任できるならば、父はすべてが成就するかのごとく考えたのである。」

自由主義の政治哲学

この哲学は政治理論に変形され、興隆する中産階級と封建国家との抗争が支配する状況のもとで実際の政治問題に適用された。合理主義哲学が政治の理論と実践の基盤となったこと、そしてそれなりにこれらの歴史的起源の痕跡を失わなかったのは、それが興隆する中産階級の主要な道徳的・知的・政治的武器であったからである。合理主義哲学と興隆する中産階級の道徳的・知的・政治的要求とのこうした組み合せは、国内問題および国際問題の両面で重大なものとなった。この組み合わせの中にこの哲学の強みとさらにその弱みがあるからである。この政治哲学は、それを生み出したと同じ政治状況が存在したところでは常に勝利したし、あるいはまた、それが引き出された哲学的仮説がいかなる政治状況とも完全に一致しない場合にも、それらが新たな状況に応用されえたところでは勝利を収めた。そうした事情のもとでこうした合理主義と中産階級の関心事との組み合せは、知的・政治的力の源泉であった。理性という不変の公理によってある政治状況を説明することは、封建秩序が自身の存在を正当化するために用いた宗教や伝統や習慣という呪文に劣らず、強力なイデオロギー的武装だったからである。

他方、この政治学派は、それが生み出されたのと本質的には異なる状況のもとで、本来の知的前提や政治手段を修正することなくその目的を達成しようとした場合には常に失敗したし、失敗せざるをえなかった。十九世紀はこの政治哲学が理性に照らして正当化され、したがって歴史的変化の影響を超えていると確信したために、この政治思想の創出に手を貸し、そのうえにこの哲学の理論的健全さと実際的有効性がともに成り立っていた歴史的時間・空間のつかの間の変化する要素を無視したからである。十九世紀は、あらゆる政治哲学のもつ歴史的相対性を忘れ、ある特殊な歴史的・哲学的状況を反映した産物を、歴史的条件とは関係なくあらゆる場所、あらゆる時代に適応されるべき合理的仮説と公理との不変の体系にまで高めた。こうした政治哲学はその起源となった本質的諸条件のないところではどこであれ、現実の状況とは合わないズレを避けることができなかった。

こうした諸条件とは何であったのか。守られるべき関心事とは何であったのか。追いつめるべき敵とは何であったのだろうか。

合理主義と中産階級の利害

中産階級は一定の合理的法則に支配された経済的・社会的体系を発展させてきた。彼らが尊重したことはその体系の中で成功するための本質的条件であった。そしてすぐにこうした法則に倫理的尊厳も与えた一連の道徳観が発達した。[10] 内部から個々に違背することは、明らかに愚かであり、時として不道徳であり、経済的失敗と社会的非難によって罰せられた。それは、こうした合理的法則に従うことを拒否したばかりかそれらの実施をも妨害し、また国家という手段を通じてそれらを適用し果実を得ようと努めた封建制度のような社会・経済体制とも違っていた。そうした態度は現世の経済的利益を否定するばかりか、中産階級が打ち立てようとしていた合理的世界の本質自体をも否定するものであった。中産階級が打ち立てた十九世紀の政治の理論と実践は、彼らの社会的・経済的世界の合理的過程の中で封建制度による致命的妨害からの防衛であった。

この政治哲学は、合理主義哲学の観点から説明するなら、抬頭する中産階級の社会的・経済的・政治的経験の二重の普遍化に基づいている。一方では、この経験がもつ合理性は今や世界や人間についての合理的な考え方の論理的部分であり、経験的確証となっている。それは今やこの世界がもつ合理性の唯一独特な表明であるかのようだ。『共産党宣言』はこう指摘する。「彼ら〔ブルジョワジー〕によってはじめて、人間の活動が何をもたらしうるかが立証された。」したがって封建秩序は、中産階級の発展にとって特異な歴史的障害物としてばかりでなく、およそ後進性や無知の化身として、自然の合理的秩序を乱し、啓蒙と理性の黄金時代の到来を妨げるあらゆる闇の勢力の化身として非難される。ジョン・スチュアート・ミルは父の政治哲学について次のように述べている。「貴族制、いかなる形態であれ少数者による政府は、父の目には人類と彼らの最良の知識によって人類の問題を統治することの間に立ちはだかる唯一のものであり、それは父の厳しい非難の対象であった。」

他方では、封建制度は国家を通じて中産階級の合理的力の十全な使用を妨げたために、国家はその本性からして、理性の基盤に立脚することが不可能であり、理性が打ち立てたものをひたすら破壊する最大の干渉者となった。社会の仲介者としての国家は最後には、政治制度の中で自己を主張し、その正統性を伝統から引き出すことで主権的政治権力を行使するために、封建制度に対する歴史的な敵意を国家、伝統、政治、暴力といったものに対する哲学的な敵対へと変形する。そうした国家、伝統、政治そして暴力は、事態の真の秩序とかけ離れた何ものかとして、疾病とか自然災害のようなある種の外的障害とみなされるようになる。国家に対する社会、政治に対する法律、制度に対する人間、伝統に対する理性、暴力に対する秩序――こうしたものは自由主義のスローガンであり、理性に支配された物ごとの真に善き秩序とその政治的な歪曲との間のこれらの分裂は、十九世紀政治思想の進路を決定してきた。

国家へのこうした敵意があまりに強くこの時代を支配したため、この時代の精神に批判的な思想家にもその影響は現われている。プロシアの哲学者フィヒテはこう言う。「国家内の生活は、たとえ〔ヘーゲルのような〕真に偉大な者が何を言おうと、人間の絶対的目的に含まれない。むしろそれは完全な社会建設のために、特定の状況下だけに存在する一つの手段である。国家は全ての人間の制度と同様に単なる手段であり、自らの倒壊に傾いている。政府をして余計なものたらしめることはすべての政府の目的だからだ。」エマーソンの『政治』というエッセイではこの分裂は精神的な用語に置き換えられる。「賢人を教育するために国家は存在する。そして賢人の出現と共に国家は消滅する。こうした人物の出現は国家を不用にする。」マルクス主義哲学はこの同様の対立を経済用語で提示する。国家は階級闘争の産物として出現し、階級闘争と共に消滅する運命にある。今日でもこうした普遍化と同一化の象徴的な勢力は、多くの哲学的・政治的概念の中に存続している。例えば、自由主義以前の世界の象徴とみなされる中世の知的暗黒という考えや、私的企業心よりも国家は本質的に道徳的・実際的に劣っているという考えの中にである。社会はわれわれの徳の結果であり国家はわれわれの不道徳の結果だというペインの言明は、自由主義精神について、いささかも説得力を失っていない。

では、中産階級が内部の異端分子や外部の敵から自分たちの世界を守るときに用いた手段は何であったろうか。この世界は周知のように、その哲学的仮説においてもその実際的必要条件においても、その構成要素に立脚している。現実の世界がこの理念にまで至らず常に内外からの非合理的な力に脅かされているとき、外部の敵の領域を徐々に規制してそれに応じて合理的世界の範囲を拡大するために、それらの敵から合理的な世界を隔離することは、十九世紀の主要な関心事となる。

法の支配と自由主義の制度

十九世紀の企てがこうした二つの目的を達成するのに用いた手段は法の支配である。人々の関係を統制する法支配の一貫した体系という発想は、論理的にも歴史的にも、合理主義の一般哲学と密接に関係している。こうした法支配の体系は、物理学の法則のように、あるいはグロチウスやライプニッツや他の多くの者たちが好んで考えた数学原理のように一貫しており、正確で、予測可能なものだが、こうした体系は世界を支配する合理的秩序について人々によって創出され、人々の支持を受けたイメージにすぎない。十八世紀のフランス、オーストリア、プロシアに起源をもつ実定法の一貫した体系という考えは、グロチウスによって展開されたように、世俗化された自然法の理念の中に見られる。実定法は、いわば人類発展の現段階では自身の内的力量だけでは実現不可能となった理性の法規を支持するようになる。「実定秩序」は「自然秩序」に内在する国家と社会の承認を理性の力に加えるのである。

こうして法秩序は、理性の法規の円滑な実施を、中産階級の経済的・社会的領域の中で保障しようとする。この領域内部から生じる障害については、民法や刑法がこの機能を果たす。外部からの、いわば封建勢力や封建国家からの干渉については、立憲政府設立の運動が、一六一〇年に英国のある下院議員が述べたように「王と国民の間の壁」を造ることで同じ目的を追求する。政府と市民それぞれの領域は、権利章典や同様の憲法上の保証にある法的手段に表われたものとして、自然法の原理によって再び規定される。

その目的を促進するため、古典的自由主義は三つの制度を設けた。第一が成文憲法。これは経済的・社会的努力という合理的領域を法的保障の保護のもとに包みこみ、それと同時に国家のもつ非合理的諸力を決して免れることができないような法の鎖の体系に従わせることになる。第二に司法権の独立。これは理性の代弁者としてまだそれほど啓発されていない諸党派間の対立する要求の中で理性的なものと非理性的なものとを識別し、法の支配が理性の法則によって適用されるように取り計らう。最後は民選議会。これは明らかに対立する意見や利害を知的討議を通じて理性の審判に従わせしめ、また、こうした対立を人間の問題に固有な利益調和の経験的な表われである妥協において、もしくは理性がまだ啓発されていない少数者に対し自己を主張する多数決制で解決することになろう。ホームズ判事の有名なエピグラム（警句）によれば、「真理の最良の試金石は、その思想の力が市場の紛争の中で受け入れられるかどうかである。[11]」

社会改革

こうした理念や制度が自由主義《リベラリズム》を封建国家に対する勝利に導き、そこで古典的自由主義者たちはこの哲学的基盤の上にこうした知的道具を用いることで、自由な社会は容易に建設されることを確信した。こうした自由主義擁護の枠内で、理性は経済の法則に表われ、この上なく支配し、必然的に調和とすべての人々の福祉をもたらすであろう。この点にこそ、グラッドストーン流の自由主義者たち、進化論的社会主義者たち、福祉国家の支持者たち、またあらゆる種類の社会改革者たちがマンチェスター学派の古典的自由主義者と分かれ、そして自由主義哲学にもう一つの基本理念、社会改革という考えをつけ加えたのであった。

この考えもその実現可能性も自明のことではない。中世は、さらに十七・十八世紀さえも、社会改革という理念の足跡を、行動計画としては無論のこと、哲学的命題としてほとんど残していない。[12] 人間が理性のもつ一般的な変革力に確信を得たのは、理性を通じて自然を実際に支配するという経験をしてからであった。同様に、合理主義哲学に本来的に内在すると思われる進歩という抽象的な概念が社会改革という政治理念に変容したのも、封建制の暗黒の勢力に対して自由主義の合理性の勝利が社会問題における理性の力を経験的に立証してからであった。そしてこの政治的経験は、その誕生に際しての産婆となり、その生命を独特かつ真に運命的な仕方で支配することになった。

われわれはすでに、自由主義が、中産階級と封建秩序の間の歴史的対立と形而上学的絶対者の対立、善と悪、光と闇、理性と無知、法と政治、社会と国家、秩序と暴力との対立などを同一視したと指摘してきた。そのため封建制度の崩壊と自由主義国家の建設ということは、自由主義の精神にとって、多くの歴史上の出来事の中の一つ以上のことを意味した。すなわちそれは、善、光、理性、法、そして秩序などの力による、悪、闇、無知、支配、そして暴力などの力に対する最終的勝利を意味した。封建制度と共にこうした後者の諸力は地上から消滅し、理性はこうして究極の勝利への道についたのである。

　しかも、古典的自由主義者たちは、理性が人間の介在することなしに純然たる内的力によってこの勝利をかち得ることを確信していたが、社会改革家たちは、自由主義国家の枠内で理性を優位させるには科学的基盤にのっとった積極的な立法が必要であると教えた。社会改革の理念が包含した初期自由主義の立場からの離脱は、それでも古典的自由主義者も社会改革者たちも想像したほど大きなものではなかった。両者は、封建制度と独裁制の崩壊と共に理性の時代が到来するという点では一致していたからである。彼らはただ、この移行が達成される方法について違っていた。しかも古典的自由主義思想の中で有力であった自動的進歩の観念さえ、いわば間近なところで、今だに社会改革に不可欠なものなのである。たとえ社会改革の哲学が、理性は人間の介在なしに打ち勝つという古典的確信を否定するとしても、ひとたび立法過程が、理性が社会問題の解決を提言する科学的方式を明確な立法行為の中で具現化するなら、理性が純然たる内的力によって打ち勝つ能力への確信は保たれる。法による支配という、ただそれが存在することで人間の諸条件を改革する補修力に対する確信は、具体性という他のレベルにおける理性の自律的力に対する古典的確信にすぎない。社会改革の最初にして最後の手段として新たな立法を要求することは、古典的自由主義が社会生活上の問題をそれによって追い払おうと考えた純粋かつ単純な理性への呼びかけの反映にすぎない。

科学的アプローチ

自由主義改革家にとって、封建国家の崩壊以来解決待ちにされてきた国内問題は、非政治的な、むしろ技術的性質のものであり、自然科学者や技術者が取り扱うべき性質のものであった。後者のように、それらは一つ一つ、より一層増大する知識の必然的な蓄積によって解決されるであろう。その時社会問題は、数学の問題や自然科学の問題のように、ひとたび正しい処方が発見されればすべてが合理的かつ最終的に解決される科学的命題にすぎなくなる。自然と人間は同一の合理的法則に従っているという哲学的確信を経験的に証明したダーウィンは、社会問題に対して科学的方法を拡張するこうした傾向を大いに刺激した。

まさに政治の領域こそ、こうして合理主義以前の時代からのある種の先祖返り的な遺物となる。政治が恣意性と偶然性のものであり、科学が秩序と規則性のものであるだけに、科学はこの社会の風景を描くに全く適している。科学は、政治が処理できない問題を解決する有効な力となる。それは政治に代わるものとなる。ジョン・デューイによれば、「人間関係・社会関係という広い領域の中で大規模に試されてこなかった資源は、組織された知の利用、われわれが科学という狭い領域の中に実質的証拠をもつ多くの恩恵や価値の利用である」[13]。E・L・ソーンダイクはこう忠告する。「政府はその決定に到達するに際してもっと科学的方式を、特に加重平均の方式を用いるべきだ。疑わしい場合、人は一般にその事実に対する賛否をひとまずメモし、両者に重量をふりあて、その重量を大づかみした後に決定を行なうべきである。彼はおそらく、ふさわしいと思われる重量に彼の直観や『勘』を入れているかもしれない。他人の賛否の意見には、もっと客観的な事実が含まれていたり、最後には結合されるはずの別々の意見が伝授されていたりするかもしれない。その意見は、当人の知識の深さやその分野での熟練度、一般良識に従ってその比重がおかれるべきである。このような比重がおかれた上で決定を下すことは、一般的に時間を節約し、緊張といらだちを弱めるであろう。[14]」エルトン・メイヨーは次のように問うている。「今日の政治学の文献は依然としてアリストテレス、プラトン、マキアヴェリ、ホッブズその他の著者たちの書物を引用している。ターレスや錬金術者の引用を必要とする化学者がいるだろうか。化学者の主張は彼自身の熟練と経験的実証についての彼の能力に基づいている。社会学と政治学においては、ある時点の特定の状況の下で有効な技術を直接に論証するために適わしい能力は少しも存在しないように思われる。……もしもわれわれの社会的技能（われわれが人々の間で協力を確実にすることのできる能力）が、われわれの専門的技能と共に着実に進展していたならば、あのようなヨーロッパ大戦は起らなかったであろう。[15]」

それ故、政治は「改革され」、「合理化され」るべきである。政治的な策略は科学的な「計画」に、政治的決断は科学的な「解決」に、政治屋は「専門家」に、政治家は「政策立案助言者」に、立法官は「法律専門家」にとって代わられるべきである。企業の技術的な効率は、政府活動を評価する基準となり、「企業運営」は政府成熟の目標となる。革命さえも「科学」となり、革命の指導者は「革命の技術者」となる。ベンサム以降、英国の自由主義者は立法を応用科学と考えている。トーマス・G・マサリクによると「現代の民主制は決して統治ではなく、行政を目指している。……国家機構に対するこの新しい考え方、この新しい判断が実際になしとげられるかどうかは単に権力の問題ではない。それは行政技術上の困難な問題である。」チャールズ・A・ビアードによれば、「政治生活の沢山の経験は、政治における因果関係の論文が、科学的訓練と資質を備えた学者のなした最も歓迎される貢献であったことを立証している」[16]。C・デリスル・バーンズによると、「民主主義の原理は、公共政策に応用された科学の原理にすぎない」し、「民主主義とは新たな真理の発見である」[17]。クラーレンス・K・ストライトの『自由と統合』誌は「われわれの雑誌の本務とするところは次の大きな問題、すなわち人間の政治学を如何にして人間の科学的・技術的達成の域にまで高められるかである」と記している。そしてジョン・デューイによると道徳の問題は「工学的課題」[18]である。キリスト教徒とユダヤ教徒からなる国民会議の代表はこう述べている。「もし六百人の科学者の共同作業が原爆を生み出せたのであれば、六百人の科学者を集団間の憎悪という仕事に向けることができただろう。」彼は、科学者の協力の力でそうした憎悪を二五年以内に終わらせられると予言する。

　芸術も、科学的アプローチを免れるものではない。現代芸術家ジャック・バルザンはこう述べる。「芸術家は、紙上で自己主張し、他の者が誤りを示すに違いない。それはおそらくすべての芸術家が同時代の問題への『解答』を求めているからである。如何なる一時点でもただひとつの解答が有効であり、そのためただひとりの芸術家のみが『解答』をもつ。芸術家は一種の研究科学者と社会学者を一緒にしたものになっている。……軽薄を避けるために芸術は、歴史の進路を変え、教え、また人類を復興させなければならない。約言すると、芸術は意志の行為を、国家の改善を、そして精神の純化を取り扱う。[19]」印象主義や表現主義、そして立体派や超現実主義は、芸術の問題を最終的に解く方法を求めている。正義とは、ジョセフ・ジュベールによると、「行動における真理」である。「慈悲さえも科学的である」と、リンカーン・ステファンズはマクナマラ審判に際して書いたものだ。

科学的精神は宗教思想にも入り込んでいる。ギフォード講演賞を自然神学の部門で設けるに際して、一八八一年にギフォード卿は次のように書いた。「私が望むことは、この講演がその主題を厳密に自然科学として、つまり想像上の特殊な、例外的な、あるいはいわゆる奇跡的な哲学のいかなるものにも言及や依拠することなく、あらゆる可能な科学のうちでもっとも偉大なもの、まさしくある意味では無限の存在なるものたる唯一の科学として、とり扱うことである。私が望むのは、それがちょうど天文学や化学のように考えられることだ。」まさしくこの意図を達成するかのように、一九四六年四月二四日付の『ワシントン・イブニングスター』に載ったある広告は、「宗教が実証科学となる」ことを報じ、クリスチャン・サイエンス（キリスト教心理療法）がもたらす満足と現代の電気使用がもたらす満足とを比較している。死の真際にジョン・クウィンシー・アダムズが教育と科学への信頼に基づいた彼の人生の失敗を顧みたときに、彼が疑ったのはなんと科学ではなく神であった。そしてラインホルト・ニーバーのようにこの哲学に対するきわめて厳しい批判者でさえも、「異端の基準として経験的事実に対するこうした一致の欠如を認めることは重要である[20]」と書いた際に、宗教上の真理の教義基準を科学的なそれと取換えようとしているように見えることは、意味深いことではなかろうか。
いかなる政治思想家も、少くとも彼の用語法の中で科学の精神を推奨せず、また彼の仕事が「現実的」、「技術的」あるいは「経験的」であると主張することで彼らの従順さが科学的基準と考えることを期待しない。われわれはある指導的なドイツの自由主義者によるこうした知的傾向の生きた説明を知っている。彼は一八六六年、ビスマルクがプロシアの自由主義政党を弾圧した後、次のような憂鬱な告白を書いた。「われわれは無意識のうちに科学的方法を政治の実践に移し換えた。……われわれの議会活動をどこからも反論を受けることがない政治基盤に置いたならば、われわれは今やもう真理が自己の内発力によって勝利するだろうと考えた。こうして議論にわれわれは最善の努力を尽した。われわれが論争に勝てばわれわれは満足した。しかし議論に負けたものが行動において勝利を収めていることが明らかになったとき、運命の不正に従うようにそれに従い、少くとも正当である思想によって自らを慰めたのである。解決のための不運な政策の全ては、ある意味で科学と政治のこうした混同の結果であった。」[21]
一九四二年の議会選挙の後、ミハエル・ストレイトという自由主義文筆家による同時代の主張は、こうした自由主義精神に固有の特性に対する同様に憂鬱な認識を次のように表明している。「再びわれわれは失敗しつつある。われわれはほとんど何ものも以前の失敗からは学ばなかった。今われわれは相変らず混乱し、孤立し、組織されずにいる。われわれはこれまでと同様に柵に腰をかけ、バッタどもにわれわれの秀れた「客観性」について講義する労をいとわない。われわれはいまかつてのように、廃れてはいても冷酷な体系の体制内反対者に自ら進んでなる。われわれはいまや再び失敗する重大な危機に立っている。おそらく多くの者がわれわれの決定的な失敗のために代価を支払うこととなろう。[22]」

こうした科学的な要素は西欧世界における政治思想にとって支配的な様式となってきた。過去において非合理的な権力欲がその暴力的なゲームを遂行したところに、今や理性が政治学者、経済学者、社会学者、心理学者といったものを通して絶大な勢力をふるっている。この政治哲学はこうして、政治がせいぜい悪として究極的には克服される余地をもつ科学的社会理論になる。こうした思考様式は、敵と味方という思考にも同様に浸透してきた。現代の保守主義者が歴史的過去を検討し、歴史の科学から現代の謎に対する解答を期待するのに対し、自由主義者は歴史の中に理性が自らを時間と空間において実現する過程だけを見る。科学的アプローチは両者に共通する。自由主義者にとって科学とは理性が確証した予言であり、保守主義者にとってそれは経験が確証した過去の啓示なのだ。

マルクスはこの点で、科学の名のもとに空想社会主義者に反対し、その最終段階に政治が消滅し技術的機能に置き換えられる歴史の未来の進路を科学的に描こうとした時、十九世紀の真の息子であることを自ら証明している。マルクス主義の科学は、合理的改革もしくは革命によって社会機構の非合理性と戦うことを目指し、自由主義の科学は、教育を通じて個人精神の無知に攻撃を加え、社会改革を目指す努力の過程で社会主義と出会う。マルクスは、個人の合理的力に対する自由主義的信頼を分かりやすく階級に移し換えた。個人の場合自分の利益を見誤ることがあっても、階級にはそのようなことはない。階級は階級の利益によって、ひとたびその利益の何たるかを知れば理性によって行動しよう。この階級について言えば、換言すれば知識と行動の間に必然的な対応関係が存在する。これこそ自由主義が個人について想定したところのものである。

ジェームズ・ハーヴェイ・ロビンソンのような科学的伝統への批判者は、科学が現行よりもさらに科学的となることを望んだとき、この同じ伝統の枠組みを超えることはない。彼はこう問う。「人類の指導者たちは如何にして、今だに科学的知識を悩ます疑問からそれを解放し、また、科学的知識が当然受ける影響をそれに保証するような形で彼らの見解を現代化するのだろうか。これこそ現代の至高の問題なのだ。」[23] よき社会、最適な政府、さらに豊かな生活のためのあらゆる青写真は、それらの知的根源をこうした科学的態度の中に保有している。

四十年前、レスター・ワードはこうして科学時代の到来を次のように描写できた。立法府が「維持されるべき必要のあることに疑問の余地はない。そして新しい法はすべて、最終的にはそうした機関による投票によって採用されるべきだ。しかしますますこのことは、社会学の実験室とでもいうべきものの中で注意深く立案されてきた決定について、社会の最終認可を与える単なる形式的方法となろう。立法は、社会的な自然科学の問題に実際的観点から立ち向っている真の科学的社会学者や社会学的発明家による一連の徹底した実験の中にある。立法は、国家にとっての一般的利益の問題ばかりでなく、……社会改良、全ての人々の生活条件の改善、その他のあらゆる不自由の除去、そして社会福祉の積極的増大のための手段の採用——要するに人間の幸福の組織化——といった問題の解決をも引き受けるものとなろう」[24]。ロバート・S・リンドの『何のための知識か』は、今日、こうした思考様式を物語っている最適な例である。アルヴィン・H・ハンセンが『財政政策と景気循環』の中で現代の経済体制に固有の弱点とそこから不可避的に帰結する経済危機を分析するときに、改革という政治問題についての彼の貢献の重要なものは、より一層知的な行動を、科学主義哲学による「大胆な社会工学[25]」を要求するところにある。フェルディナンド・ルントベルクによれば、出版の自由という問題の解決は、「出版に際して、それを最高の器量をそなえた公共心のある人々からなる会議が提起する価値に従って仕事をする科学的精神をもった人物の手に委ねる[26]」ことにある。

ギャラップ教授は「世論測定という新しい科学」を創出している。カール・マンハイムが、人間と社会の再建をはかる基準を置くことができる原理を探究するとき、彼の学問の極みは社会計画のための入念な示唆とみられる[27]。彼にとっても、ジョージ・B・ギャロウェイにとっても、科学的計画は現代のあらゆる社会問題への解答である。ギャロウェイが言うには、「二〇世紀はたしかに計画の時代だ。アメリカにおける計画の問題は、現代の産業社会に存在する人間関係のあらゆる問題を包摂している[28]」。

たしかに、バーナード・グレックが数年前アルコール中毒の問題について次に述べたようなことを語る社会科学者は稀である。「より一層の研究によってこの問題の解決策がみつかることを全面的に信じる一般的傾向に多少なりとも欺かれないことは困難である[24]。」

倫理、科学、政治の同一化

こうした知的傾向は政治と科学を同一化させただけではない。それはまた科学と倫理の同一化をもたらした。合理主義以前の時代の指導的思想は、究極の可能性として政治と倫理の統合を考え、個人が善をたゆまず熱望することで到達されるべき目標とした。トラシュマコスのようなソフィストにとっては、そこに如何なる統合の可能性も存在しない。政治の領域は、倫理的評価を単なるイデオロギー上の副産物にすぎないようなものにする政治技術の法則にひたすら支配されていたからである。マキアヴェリのようなリアリストにとっては、その統合はただ偶然に可能になるにすぎなかった。政治技術の法則によって要求されたもの——政治的行為者の第一の関心事——がたまたま倫理の法則によって要求されたものと一致した場合にである。十九世紀の思想にとってのみ、倫理と政治の同一化はせいぜい有徳な少数者によって達成されうるかすかな可能性程度のものである。そしてこのことは、政治活動が科学上の発見に従う場合にはいつも、われわれが日頃現実に経験するところである。合理的科学的計画に基づいた抽象的論理的結論を遵奉することは、この哲学の第一の政治的・倫理的公理である。政治的論争は科学的議論といった性質のものとなる。政治における不一致——つまり合理的計画からの逸脱——は、政治的に不健全であるばかりか倫理的におぞましいものである。そのため政治問題の科学的解決には明確な倫理的判断が伴っている。科学的に正しい、それ故に政治的に健全な解答は、必然的に倫理によって要求されたものである。道徳的に誤ったものが政治的に正しいことはありえない。誠実であること──つまり動機と行動との調和──と一貫性があること──つまり一連の思想あるいは行動の各要素間の調和──とは、倫理、科学そして政治の最高の価値となる。

政治紛争は科学的論議ばかりか倫理的対立にもなる。そして政治上の敵対者は科学的・倫理的敵対者ともなる。しかし自由主義者は、彼の立場の正当性とその罪の故に罰せられねばならない敵の道徳的不純さを世界と自分自身に証明できさえすれば、自己の優位性を十分に感じとるであろう。ここにおいて、自由主義者はまったく誠実である。そして自由主義者を他の政治上のタイプから区別し、また彼を政治舞台におけるちょっとしたドン・キホーテたらしめるのは、まさしくこの自己の主張についての明白な正当性に対する誠実な信条、疑惑のかげによってもそこなわれないこうした素晴らしく真面目な確信、そしてこうした皮肉な意図の全くの不在に他ならない。たとえばグラッドストーン、ウィルソンそしてブリアンは、こうした資質のまぎれもない特徴をもっている。

モーレイ卿がカーライルの「詩的功利主義もしくは啓蒙された実証主義」による英国の結末について書いたとき、彼が想起したはずのものは、まさしくこの種の政治的類型である。彼はこのように言う。「われわれの間での意見の傾向から次のことが想像されよう。善と悪との違いは、行動の最も重要な側面を示すばかりか──そのことは真実だろうが──、存在するあるいは考慮の価値がある唯一の側面を表す──それは最もひどく誤っていることだが──のである。われわれに人々の判断から、あらゆる広がり、人種、多様性、微妙な区別を取るように導き、それを道徳あるいは真理や宗教などのすでに受け入れられた規準に完全に一致する判断の上に貧弱で、狭く、軽薄な見解に貶めることで、ピューリタニズムほどわれわれに害を及ぼしたものはない。ピューリタニズムが生み出した諸悪の中で、正邪なしに行動を考えることができず、したがって知的秩序においては真偽なしに教育を考えることができないということが、英国の知性にみられる多くの不正、無秩序、沈滞、そして暗闇を根ずかせることとなった先入観の致命的精神の根底にある。どれほどの道徳の過剰も、おそらく、この排外的道徳規準の過剰な採用ほどの問題ではなかった。……骨をおったあげくにわれわれの得たものはただ、判断のほとんど不快な貧困さであり、しかもこうした風潮が始まってから今日——健全な反抗が生じている日々——に至るまで、それは、着々とそして強力に人格を貧しいものにし、その行動を機械的にし、芸術を無力にしてきたのである。[30]」

失われた歴史の教え[31]

政治的なもの、科学的なもの、倫理的なものの三つをこのように同一化するところから、自由主義がその同調者に知的安全と良心を与える絶大な自信と自負が生まれる。たとえその同調者が政治において失敗しても、彼らはなお知的にも倫理的にも「正しい」ことを確信した。彼らが失敗したのは、ただ敵の異常な邪悪さのせいであり、政治的干渉の不合理性と人類一般についての無知の故である。したがって彼らは決して歴史に学ぶことがない。彼らにとって歴史が重要になるのは、政治的現実に接するに際して用いる合理的枠組を確証するもの、あるいはそれを逸脱するものとしてだけである。ハロルド・J・ラスキは自由主義者についてこう言う。「そこには政治における歴史的要素の意義などまるで存在しない。事実の相違は彼らの十分かつ単純な結論への願望を妨げることはない。[32]」こうして歴史は、主として誤った類推を彼らに与えたものの、何ものも教えはしなかった。カール・L・ベッカーが十八世紀の哲学者について述べたことは、十九・二〇世紀の後継者にも真実である。「十八世紀の哲学者たちは、まるで中世のスコラ哲学者のように、啓示された知識の体系に何にもまして固執したのである。そして彼らの信念と調和しえない歴史からは、何ものも学ぼうとせず、また何ものも学ぶことができなかった。[33]」

この哲学は単に二つの力を歴史過程を規定するものとして認める。理性とその対極としての非理性である。この哲学は歴史過程を、これら二つの諸力の間で理性が着々と地盤を獲得し、究極の勝利を確定する闘争として考える。しかし理性は、その本来のあり方からして、それ自体歴史過程の産物ではない。それは常に時間と空間を超越する。それは全歴史を貫徹する。歴史は何かを理性に付け加えることも理性を損なうこともできない。歴史は人間に、理性が人間の出来事を支配していることに土台をすえる機会を与える経験の継続をただ提供するにすぎない。われわれが歴史の発展についていやしくも述べることができるのも、人間がこの機会を十分利用することに失敗したからにほかならない。一方で歴史が理性が勝利に向かう行進の舞台であるとき、他方で理性の勝利に対する無知と邪悪さの反抗の舞台でもある。この反抗なしにいかなる歴史も存在しないであろう。「歴史が過去と連続性をもつことは義務ではなく、まったく必然だと常に想起されるべきだ」[34]とホームズ判事は述べた。しかし、十九世紀の精神は、この必然の実現に直面し、その公憤を表出させせられ、理性の力に対するその信頼を再確認させせられたにすぎない。単なる理性からの逸脱としてではなく、自らの力で歴史の必然性を生み出す自律的な力を理解する場が、この歴史の哲学には存在しない。

したがってこの政治学派の支持者は彼らの失敗から決して学ぶことがない。彼らは矛盾する諸事実を考慮して、自身の前提を変えるというより、自身の仮説に固執し、経験から常に敗北をこうむる根強い性向をもっている。経験を考慮して理論と実践を修正するよう彼らを導くのではなく、失敗が本質的に同じ方法で新たな努力を呼び起こすにすぎない。彼らは正しいのだから、再度試みなければならない。そしてひとたび邪悪な敵が打ち負かされれば、非合理な政治の手続は技術的機能の合理性に一変する。そして教育が最良であっても無知なものにその啓蒙の効果を発揮したのであれば、彼らは継承しなければならない。

特に現代の国際思想の歴史は、主としてこうした不毛な現代精神の不妊症の歴史である。かつてルソーがアベ・ド・サン＝ピエールに対して述べたことはこの国際思想の全傾向にとって真実である。「われわれは会議を招集し自分が立案した条文を提議する必要があり、また、それらは承認され、あらゆるものが順調に進展していくであろうことを、彼は上手に描き出した。全ての計画が打ち立てられた場合には、この誠実な人物はそれらの中で物ごとの結果を十分に見極めたことをわれわれは認めよう。しかし彼は、それを打ちたてる手段を制定するに際してまるで子供のようだった。」偉大な人道主義者や切れ者の政治家が法の基盤にのっとった国家間関係に認めようとした方策は、歴史の審判に耐えることができなかった。その方策が解決すると想定された問題にとってそれが適切であったかどうかを問う代わりに、国際主義者はその方策の妥当性を当然のことと考え、失敗の事実を非難した。彼らはおそらく「われわれが予想したとは別の形で事実が動く場合には、それは事実があまりにも悪い」と言うであろう。大昔の魔術師と異なることなく、彼らは魔法の文句をたゆまず繰り返すことで社会の悪を追い払おうとする。ブリアンについて言えるように、タレイランのごとく行動する必要があるのに、彼らは聖ルイのように行動しているのだ。

　あきあきさせるような単調さで、失敗に動ぜず、批判に影響を受けず、この哲学はそのままに成立以来、同じ治療法を提起し、同じ論拠を提出してきた。ヒュームと彼に続く多くの者が、合理主義では宗教や倫理の問題を解決できないことも理解した。バーク、ゲーテ、そしてロマン主義者たちは、合理主義には歴史の問題を解決できないことを認めた。ウィリアム・グラハム・サムナーは、合理主義では社会の問題を解決できないことを了解した。今日、ラインホルト・ニーバーは合理主義のあらゆる出現の中で合理主義の主張を拒絶し、アルフレッド・ノース・ホワイトヘッドは合理主義に対して「インスピレーション（ひらめき）のために具体的なものに再現することで自ら超越する」[35]ことを求めている。しかし、現代世論の風潮に関するかぎり、これらの思想家がその思想のどれをも決して記録に残してこなかったのも当然である。同様に、アベ・ド・サン＝ピエールに対するルソーの反論は、国際問題における合理主義者の立場に提出されうる重要な論議のすべてを含んでいる。しかしそこには国際的な思想の持続的展開に及ぼすルソーの鋭い批判の威光はまるで見られない。それでは、われわれはこの展開に目を向けてみることにしよう。

第三章　政治の否定

国内での自由主義が十六世紀に世論をとりこみ、十九世紀を通して西欧世界の政治制度を征服したものの、世論の重要な部分が国際問題に自由主義原理の適用を要求したのは、やっとナポレオン戦争終焉後のことであった。そして、ハーグ平和会議が国際領域に自由主義の支配を打ちたてる最初の体系的試みをなしたのは、やっと世紀転換後のことであった。しかし第一次世界大戦の終焉によってはじめて、国際連盟という形で国際場面における自由主義の勝利が出現した。[1]

二つの思想潮流がこの動向を可能にした。一つは、十七・八世紀の合理主義哲学に起源をもち、この哲学の原理を直接、国際関係の問題に適用したものである。合理主義の哲学と現代の国際思想との照応関係以上のことに目を向けた場合、われわれが社会領域における理性の哲学の主唱者として了解する二人の人物、グロチウスとアベ・ド・サン＝ピエールが、同時にこの知的成果の二人の偉大な創始者でもあることは意味が深い。その影響力は十八世紀全般を通じて純粋思想の領域に存続し、国際法の抽象的な体系と完全な国際社会のためのユートピア的な青写真を生み出した。それが国内における自由主義の政治経験に現われたもう一つの思想潮流と結びついた後に、ようやく現代外交政策の理論と実践は生まれたのである。

合理主義哲学が、その自由主義的な出現の中で、国内での審判を成功裡に通過した後、この同じ原理を国際領域にまで広げようという一般的な考えは実際的な現実の検証を受けるべく具体的な政治計画に変形された。いまや自由主義的外交政策の推進者たちは、グロチウスのような哲人の中に、またアベ・ド・サン＝ピエールのような改革家の中に、彼らの目的にとっての理論的確認と実際的な支持を見出した。この外交政策の二つの知的源流および成功した自由主義という国内経験の優位を心にとめることは重要である。というのもここに、国際領域に対する現代精神の理論的・実際的アプローチを理解する手がかりがあるからである。すなわち、国際関係の特質を発展させたその構想についてであり、国際問題解決のために提起された手段についてであり、国際場面のあらゆる段階で生じた失敗についてであり、そしてその国内領域においてなおまさに生存を脅かしている決定的な惨事についてである。

それでは、国際問題に対する自由主義的構想とはどのようなものであろうか。自由主義が国際関係を支配しようとして用いた手段とは何であるか。自由主義的外交政策の本質とは何であるのか。

政治なき外交政策

ツキディデス、マキアヴェリ、リシュリュー、ハミルトン、あるいはディズレーリであれば、国際政治の本質を生存と権力をめぐる絶えざる闘争と考えるのが常であった。現代の国際思想がこの領域にはいる以前でさえ、国際問題についてのこうした考え方が常に攻撃されていたことは確かである。教父たちから十八世紀の反マキアヴェリズムの著作に至るまで、国際政治は道徳的非難の対象とされた。しかし現代の国際思想はその程度のものではなく、それはひたすら真理や正義という合理的価値に真向うから対立する政治権力の道徳的価値を否定するだけではない。たとえ実際のところ権力政治の存在それ自体を否定しなくても、少くともそれが社会内の人間生活に有機的・必然的にもつ関係をも否定する。自然を覆う人間の帝国が人間を覆う人間の帝国に取って代わることを予見したのは、フランシス・ベーコンだけだった。十九世紀の支配的国際思想にとって、この予言は真実となった。「国家は巨大な社会企業の中の同僚であり、ライバルではない」とベンサムは述べた。国際問題についてのこの考え方は、ハーバート・スペンサーの哲学[2]にその体系的発展を見ることが、またウィルソンの外交政策[3]にその最も徹底的かつ一貫した実現を見ることができる。

国家間の関係は個人間の関係と本質的に変わらない。それはより広い規模での個人間の関係にすぎない。コブデンは一八四九年六月の国際仲裁裁判所設置運動の演説で「共同体間の交流は全体として個人間の交流以上のものではない」と述べている。そして、諸個人間の関係は本質的に平和的で規律正しく合理的であるので、国家間の関係がそれと異なるべき理由はない。したがって、個人間の関係は、両者のあらゆる差異が消滅するまでは個人間の関係に同化されるべき国際関係のモデルとして役立つであろう。一九一七年四月二日の議会あて教書のなかでウィルソンはこう述べた。「われわれは一つの時代の始まりにいる。そこでは文明国家の個々の市民の間で遵守されている行動や悪に対する責任の同一規準が国家や政府の間で遵守されるだろう。」

封建時代の残滓の上に外交政策が形成される場合には、国内政策は少くとも外交政策に優位するべきであり、とくにその国家の支払う資金は国内政策改善のために用いられるべきであり、外交政策推進のために用いられるべきではない。外交等についてのパーマストン流の考え方に対するコブデンやブライトに主導されたイギリス自由主義者の反対や、いかなるものであろうと一般に積極的植民地政策それ自体に対するイギリス自由主義の反対、少くとも一八六六年以前のドイツ自由主義とビスマルクとの間の抗争、軍事支出に対する世界中の自由主義政党の伝統的な抵抗――こうしたもののすべてはその知的根源を、国内政策に対しても同様に支配的関心をもっていることに、またその分だけ外交問題に対する関心を不足させていることに求めることができる。

外交問題を毀損して国内問題を強調することは、古くから行なわれ、外交問題の見地からすれば成功してこなかった。プラトンは、権力の問題に国家の評価は不適切であると主張し、静観主義、すなわち外交問題での不作為、外交政策の全面放棄を支持した。[4] ルソーはこう述べている。「全ての市民にとって不可欠なのは、国内法、私有財産そして身の安全の監視である。全てがこれら三項目に関して順調であれば、当局は外国権力と交渉し取り引きするがいい。最もおそるべき危険はこちらからはやってこないのだ。[5]」レオン・ブルムは一九三二年に次のように言明している。「世界に脅威があればあるほど、軍縮がますます必要である。[6]」そしてつい一九三八年の英国労働党による再軍備反対は、いずれも同じ知的・政治的伝統の枠内のものである。

国際問題に対する実際的態度とともに外交問題の本質を理解しようとする理論的試みにおいて、この思想学派は、あたかも政治的要素が国際関係には存在しなかったかのように、あるいは近い将来消滅することになる国際関係のせいぜい偶然の特性であったかのように続けている。「政治のことなど、ご承知のように、私は関心がありません」と後の政治家ヴィルヘルム・フォン・フンボルトは一七九八年パリからゲーテあてに書いている。[7] コブデンはこう述べた。「未来の選挙では自由な選挙民の代表となろうとする者に『対外政治』のテストを適用することはあるまい。[8]」ポール・S・ラインシュは次のように報告している。「ポルトガルが共和制になったとき、あらゆる外交上のポストを廃止し、ポルトガルの国際業務は領事によって処理されると提案された。それは国際関係から政治を排除するものだろう。[9]」この時代、積極的外交政策への反対は、国内問題の緊急性によって正当化される。

自由主義はその国内経験によってこうした傾向へと導かれた。それは、政治の本質である人間の権力への欲求を、その歴史的経験の一部をなしたこうした支配欲求の特殊な表明、すなわち貴族制による中産階級支配と同一化した。その結果として、貴族政治への反対をあらゆる種類の政治に対する敵対と同一視したのである。他方、中産階級は、公然たる暴力による軍事手段を経済的依存という見えざる鎖にかえ、また権力関係の存在をみせかけの平等主義法支配のネットワークの背後にかくした間接支配の体制を発達させた。自由主義は、政治の名の下にこれまで成功したものとは本質的に違ってみえた関係がもつこのような合理的に分析された政治的本質を理解することができず、それ故に貴族主義的な、公然と暴力的な形態の政治を政治そのものと同一視したのである。こうして政治権力をめぐる闘争――国際問題と同様に国内問題においても――は、単なる歴史上の出来事にすぎず、専制政治に付随するものでそれが去った暁には消滅するはずであった。国内分野において政治の機能を技術上のものに還元しようとする試みと、初期における少数のそして近代のほとんどの自由主義者によって構想され、実践された不干渉の国際政策は同一の目標の二つの表明にほかならなかった。つまり伝統的に政治領域を最小限にしてその究極的な消滅にまでもっていくということである。不干渉の外交政策は国際場面に移された自由放任という自由主義原理であった。そして「事象の進行」、「自然な発展」そして「自然法」といった調和させる力への楽観的信頼は、国内的・国際的沈滞のいずれをも正当化するものだったのである。

平和主義者の自由主義

自由主義が本質的に平和主義的であり、また国際領域における権力欲の顕著で最も重大な表明である戦争の敵であることは、国際政治へのこうした一般的考えから必然的に生まれる。戦争は常に災厄として忌み嫌われてきた。しかし自由主義政治哲学の中でこの嫌悪は新しい意味をもっている。古代と中世において戦争は、自然災害の不可避性のように資産や人命を破壊する悪とみなされた。自由主義は戦争の凄惨な光景を恐怖しただけではないし、道徳蹂躙として戦争を糾弾するだけではない。それはまた、主として何処か不合理で、非理性的で、合理的世界には場をもたない貴族主義的遊戯もしくは全体主義的退行現象として論難した。戦争は本質的に過去のものである。ハーバート・スペンサーによれば、戦争は軍国主義の時代のものであり、「人々の貪欲な本能を生産的資本投下によって宥和できる[10]」われわれの産業文明の中では、必然的に流行遅れとなる。それゆえ戦争は「死滅」しており、「不可能」なものである[11]。戦争は何ものも解決しない。戦争は割に合わない。それは非生産的な投資である。早くも十七世紀にエメリー・クルーセが認識したように、それは「利益を生み出さないもの」だ。かつて戦争に勝者はいない。戦争は「大いなる幻想」である。一七七三年九月十七日にベンジャミン・フランクリンがジョシア・クウィンシーに書き送ったように、「良い戦争も、また悪い平和も、かつて存在したことがない」。「戦争に敗れることを別にすれば、戦争に勝つことほど悪いものはない」というウェリントンの言葉でさえ、こうした合理主義的平和主義の要素を含んでいる。

こうした考え方の上に、再び自由主義の国内経験が存在する。自由主義哲学は、こうした経験の限界的特性に気付くことなく、それに普遍的意味を与え、またそれを国際場面に移しかえた。L・T・ホブハウスは言う。「およそ専制の基盤たる武力行使に反対することは、自由主義の本質である[12]。」中産階級は暴力行為に対して生来の嫌悪感をもつ。彼らにとって、組織化された暴力は恐ろしい敵である。中産階級の仕事は主として商業的な、もしくは専門職的な性質のものであり、これに対して彼らの歴史上の敵である貴族階級は武力行使の伝統の中に育まれてきた。中産階級と貴族階級との間で決着が武力行使によって行なわれたときはいつも、貴族側が頭初の優位を保った。個人の日常生活においても、この優位は、貴族にとっては中産階級から彼らの労働の成果を暴力的手段によってとりあげるという不断の誘惑となったし、またそれ故に中産階級の成員にとっては生存と経済的福祉に対する不断の脅威であった。後者は彼らが大切に育てたあらゆる価値の否定を暴力的に経験することとなり、そこで彼らはその行使に不道徳と非合理の烙印を押した。そしてその暴力行使は実際に、中産階級が開発させた哲学的・社会的・経済的体系の見地からすれば非合理なものなのである。

これらの体系は、予測可能な合理的法則に従う自然的諸力の機械的な相互作用に基礎づけられている。平和とは、これらの体系が機能するための、また人間が理性によって自然を支配するというこうした目標を実現するための必要条件である。こうした体系の観点よりすれば、組織的暴力はたしかに割に合うものではなく、いかなる問題も解決できない。またその行使によって得られるべきものは何もない。ディドロはこう評した。「商業国家間の戦争はあらゆるものに過酷な不利益となる。それは大商人の富を脅かし、また彼の借主を青ざめさせることになる。」[13] カントによれば、「商業精神は戦争と共存しえない」[14]。「国債恐慌、そして大変動」とジョン・ブライトはクリミア戦争中に日記にそう書いている。「戦争はあらゆるものを攪乱する。それはその期間を無駄なものにしてきたし、たとえ国の不名誉とならなくても国に大きな損害を与えるであろう。……われわれのカーペット貿易は、この戦争が粗麻〔亜麻〕の値を引き上げていることでひどい損害をこうむった。[15]」こうした思考様式の典型例は、ほぼ一世紀半前に『スペクテイター』誌に載ったアンドリュー・フリーポート卿の人物紹介の中に見られる。「彼は商業の細部まで精通しており、武力による支配の拡張は愚かで野蛮な方法であることを人に教えるであろう。本当の力は技術と産業によって獲得されるからである。勤勉は勇気よりはるかに永続的な収穫物をもたらし、また怠惰は剣よりも国民を滅ぼすことを彼が立証するのを私は聞いたことがある。彼は……英国は他の王国よりも、自身が他者よりも豊かであるのと同じ簡単な方法で、豊かになることができると言っている。……国家や共同体が相互に無数の討論者を並べ、武力で互いに圧倒しようとする際に、それらによって用いられる議論の方法がある。ある偉大な専制君主はこの論法の力に気づいていたため、彼の大砲に王の究極の手段（*ratio ultima regum*）と掲示した。『王の論理』ありがたいことに、彼は今や自分の武装にほとほと困っている。この種の思想家に関わる場合には、かつてローマ皇帝の一人と議論した老紳士の言葉を想起するべきだ。彼が論議において明らかに優っていたとき質問を放棄したのをいぶかった友人に対し彼は言った『私は五十の軍団の長に論駁されることは決して恥ではない』。」

　合理的な社会体系の中に暴力の存在する余地はない。それ故、あまねく世界の合理性のために戦かう精巧な社会・経済体制の力学をもって、外部からの干渉、ことに暴力的な干渉を避けることは中産階級のきわめて主要な――実際的であると同時に知的な――関心事である。こうした関心を確固たる妥当性を備えた哲学的・政治的仮説にまで高めることによって、自由主義はその源泉となった経験がもつ例外的な性質と共に多様性を見過した。長い歴史の中での組織的暴力の不在は、国内においてもまた国際関係においても、常態的なことというより例外的なことだからである。

その上、自由主義は、国内領域で暴力に反対する場合、安全な立場にいる。そこにおいて自由主義は、現実の暴力による支配を、かなりの程度まで、中産階級の特定の必要性に端を発し、政治権力をめぐる闘争において彼らに優位を与える間接支配の体系に置き換えてきたからである。しかし国際政治は「自由主義以前」の段階を決して脱け出していない。法的関係が権力関係をおおい隠している場合にも、権力は実際的もしくは潜在的暴力によって理解されるべきである。そして潜在的暴力は、実際の戦争へと転換する傾向を常にもっている。戦争と平和の区別は本質の問題ではなく程度の問題である。それは権力追求に際してのさまざまな手段の中の、択一的な選択の問題であり、排他的な嗜好の問題ではない。国家間の戦争と平和の間の明確な区別への新しい情勢――それは十九世紀および二〇世紀初頭に国際的な状況と国内的な状況とを同等視するかにみえたが――は、戦争および国際政治一般の方法の変化とともに生じた皮相な、技術的性格のものであり、国際領域では平和の状態と呼ばれているものにつきものの実際の暴力への当面の脅威に影響を与えなかった。

自由主義者たちは、自由主義時代のこうした国内政治と国際政治との間の基本的差異に気付かない。彼らは、戦争と平和の間の明確な区別が増大することを、戦争から遠ざかり平和が全般的に進展することと見誤っている。この時代の国際平和と国内平和の間の明らかな類似性に思い違いをして、また彼らの国内経験を国際場面に移しかえることで、彼らは戦争と平和との区別を専制君主の暴力と自由主義的合理性との間の区別と同じように見る。こうして自由主義は、それがその国内支配の手段として発展させた特有の手法、つまり法的保証、裁判機関、経済取り引きといったものをそれらの政治基盤から引き離し、それらの本来的政治機能を欠いた自己充足的実体としてそれらを国際領域に移したのである。チャールズ・H・マッキルウェインは自由放任主義について「常に人間の理性に傷をつけた最も奇妙な幻想の一つだった」[16]と述べた。その国際問題への適用は壊滅的な結果をもたらした。自由主義者たちは暴力を絶対的な悪と見るようになり、そのためゲームの規則で暴力の使用が要請されたところで、彼らの道徳的確信のために暴力行使は妨げられた。彼らはその国際的戦いを、国内政治状況の下で国内の敵に対して有効であった武器をもって戦った。それに適した政治の文脈から取り出され、暴力がこの上なく支配する国際競技場に移されたところから、これらの武器は木製の剣、つまり政治的に未熟な人々に武器としての幻影を与えるオモチャとなった。

しかし自由主義の戦争非難は、倫理的・哲学的領域でのみ、そして究極の政治目標の点で絶対的である。当面の政治に適用するに際してこの非難は、自由主義の目標に対立するか、それに不適切な戦争に対してのみに限定され、また向けられる。そこで貴族主義的・全体主義的戦争は必然的に非難されるべきものとなる。他方、武器の使用がまだ自由主義を享受していない人々に自由主義の恵みをもたらすことを意図する場合、あるいは彼らを専制攻撃から守ることを意図する場合には、その正当な目標が、さもなくば非難されてきた手段を正当化するだろう。それ故、国家統合のための戦争や専制政府に対する戦争は自由主義にとって正当な戦争である。そうした正当性は自由主義政治哲学の合理主義的前提から直接に引き出される。非合理の二つの主要な徴候——封建制度から自由主義の時代にもち越された——は、同一国家に所属する人々が外国の支配から解放されるとき、そしてあらゆる専制政府が民主政府に置き換えられるときに排除されるからである。

ウィルソンは一九一七年一月二十二日の上院向け教書の中で次のように明言している。「政府はその正当な権力を被統治者の同意から導き、また人民を所有物のように権力者から権力者へ譲渡する権利はどこにもないという原理を認め、そして承認しないような平和は、いかなるものも永続できないし、永続するはずがない。」彼は「あらゆる場における自由で拘束されない選挙という民主的基盤に立脚した自治を全ての国家に要求する原理」に言及しつつ、一九四七年六月七日の『ニューヨーク・タイムズ』は次のように明言した。「こうした原理が西側に適用されてきたように東ヨーロッパに適用されたなら、また国境問題がそこに住む人民の自由選択によって決められたなら、今日平和を遅らせているほとんどの問題は消滅したであろう。」全ての国民が自分たちの政府のもとに統合され、全ての政府が民主的統制に従う場合、戦争はその合理的正当化を失うであろう。理性が支配し、戦争を不可能にしよう。国際問題を理性が支配することになれば、戦争を遂行することがその解決にとって合理的であるような基本的な紛争を不可能にしようし、また理性は、残された紛争が平和的に解決されうるような装置を準備するだろうからだ。国家統一のための戦争、そして「世界を民主主義にとって安全たらしめる」戦争とは、こうしてまさしくウィルソンが一九一八年一月八日の下院への教書で指摘したように「人間の自由のための究極的・最終的戦争」、「最後の戦争」、「戦争を終らせるための戦争」である。この分析に照らして見れば、ウィルソン流のスローガンは賢明なプロパガンダ装置以上のものになっている。それらは自由主義外交政策の基盤それ自体に深く根ざした終末論的希望の表明である。

同じ終末論的希望——同じ知的手続きに立脚した——は、階級闘争およびそれから生まれる国際戦争を永久に追い払うことになる革命戦争に対するマルクス主義者の構想に見ることができる。社会主義の普遍的勝利が恒久平和の前提条件とマルクス主義が論ずる場合、それは自由主義のカテゴリーを国際問題に適用している。その主義の上から社会主義は戦争それ自体に反対する。政治の実践の場において、この反対は資本主義の帝国主義戦争に関してのみ限定され、有効となる。とはいえ、資本主義に対する社会主義の戦争はすべて、正当化されるのだ。[17] 諸悪の根源としての貴族主義政府は資本主義に置き換えられ、資本主義の全面的崩壊は悪自体の終焉を意味することになる。自由主義が戦争の消滅を、民主的ナショナリズムの形態に求める政府の一様性に期待するのに対し、マルクシズムは同じ希望を社会主義の形態を万国が受けいれることに結びつける。『共産党宣言』は主張する。「ある人間による他の人間への搾取がなくなるにつれて、一民族による他の民族への搾取も廃棄される。民族内部における階級対立の廃棄とともに、民族内部の敵対的立場は消える」（的場昭弘訳、作品社）。国内・国際両面におけるあらゆる闘争を終わらせるための最後の闘争としての世界革命という考え方自体、その非歴史的な抽象性において、国民的・民主的戦争や革命——それが成功すれば永久の平和をもたらすであろう——の完全な対応物なのである。

民主的ナショナリズム

ウィルソンを、外交問題における自由主義者の傑出した例であり、同時にヴェルサイユとサン＝ジェルマンの仲裁者たちが主要な努力を捧げたスローガンを実現する唱導者とみなすことには深い意味と内的必然性がある。そして彼らのその後の独善性と無力さとは、いかなる交戦精神の再発にも向けた彼らの道義的憤激と共に、その主要な源泉を、ヨーロッパを民主政府の支配する国民国家に組織することで戦争のあらゆる理性的原因は消滅するという、率直な信念にもってい た。外交問題について同じように誤って考えることで、西ヨーロッパの自由主義政治家が知的にも道徳的にもドイツの膨張に反抗することは、それが聖なる国家統合の原則で正当化されているように見えた限りでは——オーストリアやズデーテン地方の場合のように——不可能であった。これらはまさに永遠に真実で普遍的に有効な同一の原理であり、自由主義政治家がそれを確信し、彼らの先駆者たちがそのために闘ってきたものであったから、他の者がそれを自分たちのために訴えた場合、彼らはどのようにそれに都合よく反対できるか分からなかった。一九三八年九月二八日に『ロンドン・タイムズ』は、チェコスロヴァキアの危機の直後、誇らしげにこう書いた。「民族自決、ヴェルサイユ条約の公然の原理は、ヒトラー氏によってその条文に向けて訴えられ、そして彼の要求は認められた。」

同じイデオロギー上の理由から、自由主義政治家たちは、自由主義の基準と完全に一致するとは思えない諸国と国際問題について共同戦線を張ることをためらった。ジョルジュ・シュアレスは両大戦間のフランス外交政策についてこう述べた。「われわれの政治的・哲学的フェティシズム（物神崇拝）は……大望と理想の共同社会が利害に基づく共同社会に優位することを要求する。われわれの中の左翼や一部の政治家は、ただベルリンやロンドンで政権を執る政党やグループに応じて、今日は親英派であり、昨日は親独派であった。……そこでわが社会主義者の一部にとっては、ユンカーや将軍の手におちたドイツは、もはや何ら関心を引くものではない。しかし仮りに明日、社会主義者のヘルマン・ミューラーが政権に返り咲けば、レオン・ブルムは何度でもドイツの悲劇に感動するだろう。[18]」人々は何故チェコスロヴァキア国のような民族の「雑然たる」、「不条理な」寄り合いに対し、あるいはエチオピアのような「奴隷国家」のために闘うのか。人々はどうしてロシアのような独裁制と同盟することができたのか。間違いなく彼らは民主主義のために闘ったからであろう。しかし英国は真に民主主義国であったのか。そしてピルスドゥスキーのポーランドは地上最悪の独裁制ではなかったのか。彼らは等しく、――いわゆる「ヴェルイユの不正」の場合のように――自由主義ナショナリズムの原理が自分たちのために呼び起こされた場合には、外国の利益に積極的支援を与える義務を感じさえしたのである。

抽象的な合理主義原理からの論理的結論が、自由主義の時代に期待される政治権力の増減に応じて政治問題の実際的な決定にとってかわった。政治的武器は絶対的真理に移行した。こうして国内領域では、かつて上昇する中産階級が政治権力欲求を正当化した民主主義の理念は具体的な政治機能を失い、それは強者も弱者も万人に機会均等を主張することは、もっと個別には投票や被選挙の普遍的権利を要求することに限定する抽象的な政治哲学として生き残った。その抽象的な形式主義の中で、民主主義は、他の政治体制と同じように特定の知的・道徳的・社会的条件の下でのみ機能すること、そして、完全な多数決原理は民主主義をしてその敵――民主主義の過程をその破壊のために用いようとする敵――に対して無防備なものとすることを理解しない。言論の自由、本来は宗教的・政治的少数集団が国家の干渉から自立性を保持しようとしたものは、その政治的起源から外れ、今日それは国内外の万人によって、ひたすらその権利を独占するためにそれを要求する敵でさえ、享受されるべきもっぱら自然権の領域に含まれる。出版の自由は、本来は権力者に対する政治的武器であって、後に抽象的・非政治的原理へと変容をみてきたものの、今や支配や競争に対する力ある者の防衛装置となっている。十九世紀においては専制主義的少数派に対する中産階級の利益によって理解された公益の理念は、今や万人に有効な抽象的原理として説明され、またことにそれを訴えることで十九世紀に中産階級の公益と同一化できた改革それ自体の機先を制しようとする少数派に有効なものと理解される。スペイン共和国が百年たって封建主義的少数派の反対に抗して自由主義的改革のいくつかを実施しようとしたとき、哲学者オルテガ・イ・ガゼットは公益という抽象的原理に訴え、次のように呼びかけた。「この共和国は万人のために存在する。」あらゆる改革は誰かしらによって報いを受けざるを得ないため、今やあらゆる改革は抽象的・形式主義的に考えられた公益の名の下に反対可能となる。

自由主義の原理が彼らの支持のもとに提起された場合、一方で自由主義者を国際領域での対立する政治目標から防ぎ、他方で国民的あるいは民主的原理に立脚しない熱望の支援から防いだのは、政治目標と合理的真理との間の同様の混同であった。ツァーリスト（ロシア王党派）の体制が崩壊するまで、世界中のあらゆる自由主義者は絶えずロシアに対立し、それに応じて自国の外交政策に影響を与えようとした。これに対しドイツの、ことにプロシアの保守主義者たちは、ドイツ帝国の最初の数十年間、ロシアに対する友好的な外交政策を支持した。ロシアは列強の中で最も保守的であったからである。その一方で、ドイツの自由主義者たちはこの同じ時期、親英的外交政策を好んだ。それは当時英国は議会君主制のシンボルであったからだ。十九世紀を通じ、アメリカ・イギリス・ドイツの自由主義者たちは、イタリア、ハンガリー、ポーランドのナショナリズムの主張に深く取りついた。マルクスはエンゲルスにこう書いた。「ポーランド史についての私の最新の研究に基づいて、ポーランドについて明確に結論付けたのは、一七八九年以降のあらゆる革命はその強さや活力をポーランドへの姿勢によってかなり正確に測っているという歴史的事実である。ポーランドは革命の『外部』温度計である」[19]。

フランスでは、一七九二年十一月一八日の武装プロパガンダは外交問題における自由主義の最初の表明である。「国民会議はフランス国民の名の下に、自由の回復を求めるあらゆる人民に対して友愛と援助を与え、これらの人民を支援したり、自由の目的のために迫害、もしくは迫害される可能性のある市民を守るに必要な命令を将官に与えることを執行権力に委ねると宣言する。」一七九三年六月四日に国民会議は「フランス国民は自由国家の友であり当然の同盟者」であることを宣言し、これはモンタナール憲法第一一八条によって確証された。一八三一年カシミール・ペリエ宰相の下でパリにおきた暴動は、政府がポーランドの反乱に援助を与えなかったからである。一八四八年以降フランスは、ハンガリーの愛国者に賛同して熱狂の波に揺さぶられた。ミシュレはフランスの使節として「他国の救済」を要求し、彼はヴィクトル・ユーゴーやジョルジュ・サンドと共に、民族革命による世界共和国の建設を夢みた。

グラッドストーンによるディズレーリ内閣打倒を導いたパーマストン流の干渉主義や一八七九年の「ブルガリア暴動」のキャンペーンは、こうした自由主義の誤ちの実際的適用を例証している。コブデンは、マンチェスター学派の自由放任原理を国際政治に移行したが、この誤りを共にすることなく、パーマストンの外交政策の中で一貫してその誤りに反対を貫いたことは注目されるべきである。かってコブデンはある演説の中で次のように述べている。「われわれが互いに正義や真実や公正さを行なえるとすれば、すなわち上手にそれが行なえるとすれば、統合体としてであり、政治共同体としてであると私は考える。それがわれわれにできるそこそこであろう。私は世界中に正義や真実や公正さが行なわれるように見る責任があるとは思わない。」

世界中の共産主義者との同盟に基礎をおいたコミンテルンの外交政策は、同様な誤った考えのもう一つの事例である。そしてその完全な失敗は、国際共産主義とロシアの国家的利益双方の観点から、成功する外交政策を政治的利益の共同体よりはイデオロギー的共感の上に基礎づけることが現実的に不可能であることを再び証明している。

しかし合衆国では、効果的干渉の技術的困難に導かれた不干渉の伝統が、十九世紀間には、大衆的共感が政治行動に移行しないように守られた。フランスはその伝統的な常識を、実にフランス革命というイデオロギー的熱狂の間でさえ全く失うことがなかった。一七九三年四月一三日、ダントンは先に引用した一七九二年十一月一八日の布告の執行に反対し、「中国に革命を起すことを望むような何人かの愛国者に援助を与えること」はフランスの仕事ではありえないと示した。議会が「フランスは他国の政府についてはいささかも関与するものでない」と宣言することで先の布告を修正したのは、彼の発案によるものであった。百年たった後も共和国フランスは、今だにその政治本能を奪われることなく、ロシアの絶対君主制と同盟することに躊らいはなかった。英国については、ベルリン会議ですでに東方問題を大英帝国の利益となるように解決していた。こうして一九三〇年代および四〇年代とは幸いにも対照的に、自由主義の誤謬は当時実際の外交政策に影響を与えなかったのである。

ドイツでは、ビスマルクは、どの外交政策がポーランドのナショナリズムのためにロシアの友情を犠牲にするかしないかを分かっていた。しかも彼の指導の下に君主的な感傷主義《センチメンタリズム》はドイツ外交政策に影響しはじめたのである。この感傷主義はその自由主義的対極物と同様、憲法上の類似性に従って政治連合を選択する。一八八二年の三国同盟条約は、その目的を「君主の原則を固め、そうすることで各関係国の政治的・社会的秩序を強力に維持することを再保証すること」と述べた。議会の承認を必要としている英国の外交政策に対するビスマルクの不信は、ヴィルヘルム二世――彼の体制の下で君主的・反民主的イデオロギーが外交問題の主要因となった――の外交政策を反英国方向にレールを敷いた。この時期のドイツの外交政策は、自由主義的誤謬があらゆるものに滲み渡った影響のもう一つの例である。その犠牲者は単に自由主義的諸党派だけでなく、正確に言えば、その政治能力がもはや強いものではないあらゆる種類の政治集団である。ヴィルヘルム二世の外交政策は、自由主義商人のフロックコートを君主制ロマンティシズムの虚礼に変え、マンチェスター自由主義の合理的方法を衰退する神権哲学のヴァーグナー流の大言壮語に変えたにすぎない。外交問題に対するアプローチの本質も同じであった。いたるところで、国際政治についても同様の誤解があり、また、国内政策や国内制度の親近感によって、政治的利益の共同体という基盤に立たない同様の連合原理が存在した。あちらこちらで、非政治的な連合原理に立脚した外交政策はその主唱者たちを同じ破局へと追い込んだ。

対外同盟に対するこうした自由主義アプローチの衰退ぶりは、自由主義以前の時代がこの点で導かれた原理と比較することで明瞭になる。フランスのキリスト教王フランシス一世は、カトリック皇帝シャルル五世の覇権を打破するため、ドイツのプロテスタント諸公、英国教会の創設者ヘンリー八世、さらにイスラム君主ソリマン大王と同盟を結んだ。リシュリューはフランスにおけるプロテスタンティズムを撲滅したが、国際領域では、オーストリアおよびスペインのハプスブルク家に損害を与える場合には常に、プロテスタンティズムを支援した。ハノトーが自分の政策について奇しくも述べたように「フランスはカトリック主義の闘士ではない、またプロテスタント主義の闘士でもない[20]」自由主義以前の外交政策が宗教的同類性を無視していたのであれば、それは国内政策の整合性についてもっと無関心であったはずだ。マザランはフランシス一世とリシュリューとの宗教的中間同盟――これに彼は「牧師に化けたトルコやサラセン」の名を付けたが――を一貫して擁護しただけではない。彼はまた自分の国内目標が英国王チャールズ一世の甥にあたる君主の下に絶対君主制を設立することにあっても、英国王に反対してクロムウェルを支持したのである。

戦争

ナショナリズムと自由主義は、フランスの中産階級がフランス国民の名において封建国家を打倒して以来、そしてナポレオン戦争が封建的抑圧に反対するものとして国民主権と国民結束の理念をヨーロッパ中に伝えて以来、親密に結びついてきた。国民的自由は、個人的自由の集団的表明と同様、不可欠のものとみなされるようになった。十九世紀ヨーロッパの歴史経験にとって、国民生活および国民の熱望に対する貴族制支配者による抑圧は、抑圧の顕著な事例となったし、それ故、抑圧それ自体とほとんど同一視された。国家統一および抑圧からの自由は、神聖同盟の貴族的支配者ともども自由主義者にとって、同一のこととなった。ドイツの自由主義者たちが「統一から自由へ」と叫んだのに対し、一八三一年のマッツィーニの旗は一方では「統一と独立」、もう一方では「自由、平等、人道」を主張していた。これに対してメッテルニヒの政策は、民主的傾向の表明としての国民運動に反対した。この国民運動に好意を示したナポレオン三世の外交政策は、皮肉にも「普通選挙権の外交」と呼ばれた。

本来は個人の自由を支持し、保証するために公式化された政治的・法的原則が、国家に対して適用された。国家は独自の性格とそれ自体の譲渡不能な権利をもったある種の集団的人格とみなされるようになった。そして個人的自由と封建的抑圧の間の典型的に自由主義的な対立は、国家へと移され、そこでその対立は国民的熱望と封建国家との間の敵意の中で再現されたのである。国家は、内外いずれからの抑圧から自由であるべきだ。大衆意志は人々が如何に、また何によって統治されるべきかを決定すべきだろうし、また人々が所属すべき国家の決定は大衆意志の決定の一部であった。民族戦争と同様に民族革命は、こうして正当化されることができた。

民主主義のための戦争、また専制に反対する戦争の自由主義的正当化は、より一層直接的に自由主義の国内経験に端を発していた。重農主義者たちは、君主が理性の光を見るべく説得されうること、そして国民はその政府の形態に関わりなく、共に平和に生活しうることを確信した。スピノザ[21]の後に続くカントやルソー以来、十八世紀の終焉と共に、自由主義思想は民主的もしくは共和的政府の普及を恒久平和の前提とみなしてきた。十八世紀の終焉と共に、封建国家は国内行動において専制的非理性的で、この世で暴力がちなあらゆるものの何よりもシンボルまた化身となった。反面、人々はその本性からして、理性と平和に向かう存在とみなされた。一九一七年四月二日の議会あて教書の中でウィルソンは次のように宣言した。「平和のための揺るぎない協調は、民主国家の協力なしには決して維持されえない。如何なる専制政府も、そこで信頼を保持することも、誓約を守ることも信用されなかった。それは名誉の同盟、意見の協調でなければならない。陰謀はそれらの重要部分を侵食してしまうだろう。また、誰にも説明しようとすることもなかった実力者たちの謀略は根本的に邪悪なものとなろう。ただ自由な人々だけが、共通の利益に根ざした彼らの目的と彼らの名誉を保持することができ、また自分たちのどんな狭い利益よりも人類の利益を選ぶことができる。」国際連盟が専制政府を成員とすることを最初に拒否したこと、そしてこのことに関する国際連合の同様の傾向は、いずれもこの同一の哲学にその根源をもっている。それはまた、列国議会同盟のような組織の根本原理でもある。

自由主義がこの評価およびそこから抽き出されるべき政治的結論を国内領域に限定しようとしなかったのは、どうみても論理的なことであった。自由主義にとって、国内政策と外交政策は同じ物の反面であるからだ。チャールズ・A・ビアードが指摘したように、「外交政策は国内政策の一局面、不可分の局面」[22]であり、前者を規定するものこそ後者である。一国家の外交政策はその国内問題の作用にすぎず、戦争も平和も共に後者によって決まる。封建主義の政府は、国際場面で活動するに際し、民主国家と同じように、国内領域であるがままに示されるその本性そのものに反して行動することはできない。こうして国内における立場は単純に国際場面に移された。民主主義は平和であり、専制は戦争である。平和的大衆対好戦的政府――こうしたものは、そこにおいて自由主義の立場が戦争に対して表明したスローガンである。そしてまた自由主義がその政治プログラムとしたスローガンであった。ここでも、ウィルソンはこの新しい教義の最も雄弁な予言者である。一九一八年九月二七日のニューヨークでの演説で彼はこう述べた。「国家的目標はますます後方に退き、進歩的な人類の共通目標はその場を得てきている。平凡な人々の意図があらゆる方面で、問題に習熟した人々の意向よりも、はるかに単純・率直で、はるかに統一されたものになってきている。問題に習熟した人々は、自分たちが権力ゲームを演じており大きな賭けをしている気分を今だに保持している。そうしたことこそ、私が、これを人民の戦争であり政治家の戦争ではないと述べた理由である。政治家は明確な共通思想に従わねばならないか、破れるかである。」これらのスローガンがまさしく真理を語ったのであれば、平和を保障するには、専制政府を放逐し、「世界中の」政府を民主的に管理する体制を整えることが不可避ではなかろうか。「どこであろうと個別に、密かに、唯一の選択として世界平和が妨げられるあらゆる専制権力の撲滅」こそ、一九一八年六月四日の演説の中でウィルソンにより宣言された戦争目的の一つであった。「アメリカの自由だけでなく、他のすべての人々の自由を同じく整えるであろう各国の人々と協調することは、われわれの測り知れない名誉である。」

専制政府が国内で抑圧し国際場面で戦争を行なうところから、政府形態の変更は圧制と戦争を終らせるためにそれほど必要である。世論はそこでその平和への影響力を行使するだろう。秘密外交や秘密条約といった国際問題での専制政府の道具は、外交政策の民主的管理に置き換えられよう。「外交問題の民主化」は自由主義の偉大な目標の一つであり、そうした民主化に西欧民主主義は、第一次世界大戦を通じて非常に多くの書籍、論文、そして団体(たとえば英国の民主管理同盟)を捧げてきた。ここでも再び、ウィルソンは自由主義思想の見事な解説者である。一九一八年一月八日の議会あて教書の中で彼は述べている。「平和のプロセスは、それが着手された場合は絶対的に公開とすること、また今後如何なる種類の密約を含まず認めないことは、われわれの意志であり目標となろう。征服と侵略の時代は過ぎ去った。それとともに密約の時代も各政府の利益が連携するようになり、予期せぬ時機に世界平和をくつがえすことになりそうだ。この幸運な事実は、いまや過ぎ去った時代に拘らない思想の各公人には明らかであるが、その目標が正義と世界平和と調和する各国家に、今もいつでも目指すその目標の公言を可能にする。」平和十四カ条の第一条はこう宣言する。「平和のための公開の約束が公然と達成されれば、それ以降どんな私的な国際協約も存在せず、外交は常に公然と公衆の面前で行なわれるだろう。」現代では、三〇年代の戦争への国民投票運動や、国際交渉や決定の秘密主義に対する国内的反発は、完全で普遍的な民主主義の存在なしに平和はありえないという同じ思想潮流、同じ確信の表明である。国家問題についてのこうした完全な民主化が平和的手段によってなし遂げられえない場合には、まさしく戦争廃絶のために、その民主化は武力によってなされた。民主的革命は民主的戦争と共にこうして正当化されたのである。[23]

国家統合や民主的解放のための自由の戦争を鼓舞した終末論的な希望は失敗に終った。しかしながら、カニングは一八二三年四月三〇日の演説の中で、すでに空しく警告していた。「自由な制度によって一般に得られるものは必ずしも一般的平和の保障ではない。」実際、一つには国内制度や国内政策と、そして今一つには外交政策とがまさしく有機的に関連づけられているために、その関連性はいかなる意味でも、自由主義がかくあると信じるなど決して単純なものではない。自由主義の信じるところ、一国の外交政策はその国内状況の単なる反映であり、そのため後者を変更することにより、前者は意のままに変えることができる。しかしながら実際には、一国の外交政策は多くの様々な要因により決定され、これに対し政府の形態や国内政策は二次的なものにすぎず、歴史が示すように最も決定的なものではない。大国にとっての基本的な外交政策は政府の形態や国内政策のあらゆる変化にもかかわらず生き残ってきた。過去二〇〇年にわたってのフランス、英国、そしてロシアもこの適切な例である。外交問題における一貫性は選択の問題ではなく必然性の問題である。それは地勢、国民性、伝統、そして実際の力の分布に由来するものであり、こうした要因はいかなる政府といえどもコントロールできないが、それを無視できるのはただ失敗という危険を冒すことによってのみだからである。

したがって戦争と平和の問題は、一国民がたまたま生活する政府の形態や、その国民がある歴史時点でたまたま遂行している国内政策と関係なく、そういった不変の要因を考慮して決定される。諸国民はある歴史状況のもとでは「平和愛好的」であり、他の状況下では好戦的である。そして諸国民をそうするのは政府の形態や国内政策ではない。

ヴェイト・ヴァレンティンはそれとなく、政府形態と外交政策を関連づけることの不条理を論じてきた。「共和国はより平和的か」と題する論文の中で、彼は自由主義の地位を逆転させ、君主制の方が共和制よりも平和愛好的であることを歴史的に示そうとしている。一八六三年にアルベール・ド・ブローユ公は次のように書いた。「平和に専心する偉大な君主国は稀ではあれ時として存在すると見られてきたが、隣邦に敵をもたない偉大な共和国は存在しない。」[24] ポール・S・ラインシュによれば「クロマー卿は民主主義とは平和的なものではないとおおむね信じ、その論証のために特にアメリカ民主主義に言及している。またリットン卿は『政府とはふつうは外交のために存在し、人民は戦争のためにある』と述べた」[25]。まさしくある歴史時点ではある君主国がある共和国と比べて国際平和を維持しようとしたのだから、これらの著者たちは、対立する思想学派と同様に成功せざるをえない。われわれが世界を君主制のために安全たらしめようと民主制のために安全たらしめようと、平和のために安全たらしめるのはその方法ではない。

自由の戦争における勝利は、自由主義の希望を満たすこととはほど遠く、撲滅されるべく想定された悪そのものをさえ生み出した。自由の戦争は、「最後の戦争」であるどころか、少しは自由主義の時代が立証してきたものよりはるかに破壊的で広範な戦争の先駆であり草分けにすぎなかった。国家統一と民主的解放は、戦争の根本的に残された諸原因を取り除くかわりに、国際対立を強め、広範な国民大衆をその積極的な参加者たらしめた。統一された国家は、戦争への誘因を奪われるかわりに、いまや植民地的でその他の征服政策に不可欠な結集力と感情的推進力をもったのである。国際的な論争、かつては主として諸君主の抗争であり貴族主義的遊戯であったものは、今や国家間の論争となった。そこでは人民自体の利益が問題とされており、そしてそこでは人民自体が決定的役割を演じる機会をもっている。自由の戦争によってもたらされたナショナリズムと民主主義の勝利は、こうして国家の主権を非常に強化し、それと共に国際社会の無政府傾向を強化した。民主的ナショナリズムの排他性は、そこで、自由貿易、国際法、国際機構といった自由主義が国際平和を保障するために努力した諸方策の実現にとって最大の障害たらざるをえなかった。シェイクスピア流の悲劇的撞着の中で、国際領域にかける自由主義は、西欧世界を支配するため、創造しなかったまでも少なくとも助長した勢力そのものによって破壊されざるをえなかった。

一人の賢明な自由主義者は、すでに一八七四年に、その成功からも失敗からも奇妙に生み出された自由主義の幻滅を表現した。モーレイ卿は、自由主義に対する国民的・民主主義的願望を列挙した後、次のように続けている。「こうした願望のもつ運命それ自体が公衆の熱狂やそれを感じとる能力を妨げる効果をもってきたと言えよう。それらのほとんどのものが今や満たされ、そして願望から現実へと移行したばかりでなく、それらが満たされた結果は非常にわれわれを失望させるものであった。それは、たとえわれわれの願いごとが少しばかり世界を前進させたとしても、はたして本当に希求する価値があるのかといぶからせるほどであった。オーストリア人はもはやイタリアにはいない。教皇はローマの支配者たることを終えた。ハンガリーの愛国者はいまや彼らの権利を所有し、かつての圧制者の友人となっている。黒人奴隷はアメリカ市民に変わっている。国内において、ふたたび神々はわれわれの祈願に耳をかたむけた。議会は改革され、待望された機械仕掛の安全は投票者の自由に任された。われわれは結局もはやこれらのものを熱望しないのは、われわれの希望は実現されたし、われわれの夢は真実となったがためである、と言えるかもしれない。全ての終りに際してわれわれの眼前の比較的単調な結果がわれわれの政治的創造力に水をさしたのかもしれない。……古くからの願望は消えうせ、そして新しい願望はそうした結果の中にはまるで生じていない。[26]」

衰退する自由主義

自由主義的願望の充足それ自体が創り出した危険に直面することで、自由主義は究極的にその平和主義的態度に例外をもうけた。これらの例外は、恒久的な国際平和の必要条件として、民主主義政府の下の国家という普遍的な要請にその肯定的表現を見出した。民主主義と民族解放戦争に対する自由主義の正当化は、予防戦争の絶対的否定により、まさしく常に実際的適用において制限された。国家は他国が企てる戦争を見越して他国と戦争を遂行すべきだという考え方は、自由主義の理論と実践からは決して受け入れられてこなかった。概して自由主義政府は、その戦争を、戦争か平和かの自由な選択の上で戦ったのでも、彼らにとって最も都合良い時に戦ったのでもなく、戦争という危険を冒してもその目標を遂行するべく決意させられた非自由主義政府の主導のもとに戦った。われわれは一八三一年、三五年、あるいは三八年に自分たちの事情では戦うことを望まなかったのに、一九四一年には敵の事情により戦わざるをえなかったのである。

自由主義の戦争は一般に防衛戦争である。そうしたものだけが自由主義哲学によって正当化されるからだ。自由主義哲学の影響力は軍事戦略や軍事組織の中でさえ感じられた。仏軍が防衛に限定して攻撃に無力なのは、一九一四年同様一九四〇年にも、攻撃的戦争に対する自由主義的先入観の直接の結果であった。真珠湾はその知的背景をこの哲学の中にもっており、それは敵の攻撃の可能性さえ真剣に考えられないということだ。自由主義政府の相変らずの逡巡と不決断は、かすかな戦争の危険すら含む決断に直面した場合、こうした自由主義哲学に固有の特性によるものである。

自由主義の壮盛期に、こうした平和主義者の特性が民族的・民主的政府への関心と衝突した場合、後者は勝利する好機をつかんだ。自由主義が衰退する時代になると、自由主義本来の地位は正反対のものになった。最盛時の自由主義なら他国における自由主義の立場の推進や保護のために干渉したであろうし戦争さえ行なったであろうが、三〇年代の衰退自由主義は自由主義的あるいはその他のいかなる大義のためであれ戦争をもはや望まなかった。イデオロギー上の差異を考慮する外交政策なら、たとえ国家的生存のためでさえ、今や全体主義の干渉に直面してさえあてはまると解釈される不干渉の原則に違背するからである。戦争は今や絶対的な悪とみなされており、それは単に倫理的・哲学的領域においてのみならず、政治活動の領域においてもそうである。それ故戦争を回避する政治的決断ならどんなものでも、戦争に導くものよりもよかった。自由主義が国際場面で示したいかなる動きも、それが戦争に導かないという――たとえそのことがその動き自体の失敗を意味したにせよ――留保付きでなされた。最近の歴史はこの自暴自棄な論法の二つの典型的な事例を提供している。その一つは、イタリア・エチオピア紛争に際してのボールドウィン内閣の態度の中に見られる。これについてはチャーチルが次のように描いた。「最初、首相は制裁は戦争を意味すると述べた。次いで彼は、戦争はありえないと判断を変え、三度目には制裁を断行した。こうした三つの状況にしたがうことは明らかに不可能だった。」[27] もうひとつの事例は、第二次世界大戦に対するアメリカの世論の大部分の態度に示されている。これは一九四一年に次のような規範的な単純さで述べられた。「この国は自らを守ること、英国を支援すること、そして戦争に巻き込まれずにいることを欲する。」ここでも、これら三つの状況に同時にしたがうことは明らかに不可能であり、さらにここでも、自由主義的平和主義はボールドウィンの選択をとるであろう。

衰退する自由主義は、今だに、民主主義は平和であり、今やファシズムとして再生した貴族制は、少くとも潜在的な戦争であると確信した。しかし、古典的自由主義がこの敵対者を非排外的性格をもつ別の異常な力をもつものの意で理解したのに対して、衰退する自由主義はこの敵対者に非政治的かつ専制的な意味を与えた。それ故、一方でファシズムと軍国主義、他方で民主主義と平和の希求が同義となり、そして民主主義はファシズムに対してその原理そのものを欺くことなしに戦争できなかった。しかも自由主義のイデオロギー的戦争は、こうして自滅的不合理となった。この自滅的矛盾から、自由主義はただ新しい外交政策によってのみ救われた。その政策は、少くともその実践において、自由主義哲学というよりは政治的知恵の原則に従ったのである。

イデオロギーと政治

自由主義的目標以外のために戦争を遂行することに対する自由主義のためらいは、自由主義がその英雄的時代に実践した条件付き平和主義を明らかにするだけではない。それはまた、政治的現実に対する特定の知的アプローチ、つまり自由主義をその史的発展のあらゆる段階で特徴づけるアプローチを指し示している。このアプローチは国際問題を本質的に合理的なものとする自由主義の誤解——そこでは政治が理性に治療されるべき疾病の役割を演じている——に直接的に由来する。それ故自由主義は、理性に照らして正当化されうる国際的目的だけを受け入れることができる。しかしながら、合理主義者の国際問題に対する考え方は、権力が生存と優越のために権力に対抗するという政治の現実に適合しないところから、自由主義の国際問題に対するアプローチは必然的にイデオロギー的性質を帯びることになる。自由主義は自身の目標を国際領域において権力政治によって表現することがない。国際的な現実に基づいてではなく、それ自体誤解である合理主義の仮説によるのである。国際問題における自由主義的計画は対外政治に対する合理主義のイデオロギーなのである。

ディズレーリはこう述べた。「私の自由主義に対する異議はこのことである。自由主義は政治原則のではなく哲学理念の最高度の生活実践業務、つまり政治への手引きである。」その抽象的目標は具体的争点にとって代わる。永遠の真理の基準が政治的利益の考慮にとって代わる。エチオピアの危機に際してイタリアは新ローマ帝国のために戦い、イギリスは国際連盟規約十六条により仲裁に入った。第一次世界大戦に際してドイツは自国の「陽の当る場所」のために戦い、連合国は民主主義、民族自決、恒久平和のために戦った。ドイツと日本は世界支配のために第二次世界大戦を始め、一方その両国の民主的な敵対者は新しい社会秩序、民主主義国家の連合、また「世界中の」四つの自由のために戦った。枢軸国は帝国のために戦い、自由主義者は、攻撃がどこで、誰により、誰に対してなされたかということを考えることなくそれに反対する。第二次世界大戦の終りに際してのバルカン諸国の民主主義についてのわれわれの関心は、政治的利益よりは抽象的スローガンのために戦う自由主義的性向のもう一つの例にすぎない。

国際領域における自由主義的目標と非自由主義的目標との相違は、前者がイデオロギー的であるのに対し、後者がそうではないという事実にあるのではない。イデオロギー的性格は両者に共通する。というのも、人々は自分たちが理性や道徳の前で信じ込まされ、正当化される政治目的のみを支持するであろうからだ。しかし、非自由主義的な政治概念、つまり「ローマ帝国」、「新秩序」、「生活圏」、「囲い込み」、「国家の安全」、「持てるものと持たざるもの」などといったものが直接に具体的な政治目的と認識できる関係を示しているのに対し、自由主義の概念、つまり「集団安全保障」、「民主主義」、「民族自決」、「正義」、「平和」などといったものは、いかなる特定の政治状況に対しても固有のものではなくあらゆる政治状況に適用できる抽象的で普遍的なものである。こうした相違は広範囲に及ぶ実際的結果をもつ。非自由主義的な目的は具体的な政治状況の産物であるところから、それらの一時的な政治機能を果たせば直ちにそれらは必然的に消滅しようし、また他のものにとって代わられるであろう。[28] こうしてそれらは、現実と隔離することの危険から相対的に免がれていようし、それ故に悪評に陥る危険からも免れていよう。

これに対して自由主義のイデオロギーは、抽象性、普遍性、そして絶対的正当性の要求そのものなどのために、それらの政治的有効性を生き延びた後にも生き続けねばならず、そしてそれらの本質からして具体的、特殊的、そして時間と空間に依拠する国際政治の現実に必ず拒絶されることになる。集団安全保障、普遍的民主主義、恒久かつ公正な平和は究極的・理想的目標といった性質のものであり、それらは人々の行動を鼓舞し哲学と倫理に基準を与えることがあっても、政治行動によって直ちに完全に実現されるものではない。そうしたものと政治的現実の間には永遠の隔たりがあるはずである。しかし、自由主義者は、そうしたものを今この場で直ちに実現することの可能性を確信している。

この信念に対する失望から、また自由主義イデオロギーの本性に突然気付くことから、「偽りを暴く」過程、つまり国際領域における自由主義思想を誤らせ自由主義的行為を無力化してきた過程が生じる。自由主義の外見上の政治目標が実際には直接的な政治的実現に手の届かないところにあると認識することによって、あらゆる種類の政治イデオロギーへの不信がその後に生じた。自由主義イデオロギーがその約束を履行しえず、ただの「宣伝」であることを自ら暴露したために、国際領域におけるいかなるイデオロギーも信頼されなかった。さらに政治目的が、今だにほぼ自由主義イデオロギーによって合理化されているところから、そうした目的はこの理由のために、それらが政治的都合から正当化されるか否かに関係なく否定されることになる。失望した自由主義者は、中国、エチオピア、チェコスロヴァキア、ダンツィヒ、英国のために戦おうとしなかったであろう。彼はもはや、集団安全保障の普遍的自由主義、恒久かつ公正な平和といった自由主義イデオロギーを信じなかったからである。「良き」自由主義者はこれらの国々のために戦ったであろう。彼は今だにこうしたスローガンを信じたからである。実際のところ、両者いずれも、自由主義の用語で論議をすることにおいて、真の争点を理解することができなかった。すなわちその争点とは、中国、エチオピア、英国、あるいは他の外国のことでも、また集団安全保障、普遍的民主主義、永久かつ公平な平和といったことでもなく、権力政治によって、またこうした諸国の領土上の現状を暴力的に変革することによって表現される国家的利益の影響力であったのである。そこで自由主義的スローガンの敵対者さえも、なお自由主義の誤謬の犠牲である。理知的には、彼らはひたすら自由主義の用語によってのみ思考できるため、彼らは今だに自由主義者である。しかし、あらゆる行為が自由主義的理念を外れる運命にあったため、彼らは結局は行動を拒否したであろうが、「良き」自由主義者は、たとえそれが時として誤った機会や誤った方法、そして常に誤った理由のためであろうとも、少なくとも行動したであろう。

第四章　平和の科学

政治の否定によって創り出された空隙は、隅々まで合理的で、全人類の調和的協力に必要な全要素がそれ自体に含まれると世界を考える自由主義精神によって埋められた。利益調和、経済法則、自由貿易、現代のコミュニケーションとさまざまに規定されるこうした要素を見つけるのが科学であり、それらが勝手に広がらないように適用するのが法であり、明白な紛争の下にそれらを知るのが交渉であり妥協であった。

利益調和と権力闘争

自由主義にとって国際関係の真の本質は、権力政治への先祖返りによって今も一時的にその有効性が奪われている利益調和の中に現われる。利益調和をもたらすのに、アダム・スミスはなお、必ずしも合理的ではない超自然的な要素——「見えざる手」——すなわち奇跡的な方法で利己的な利益を全体の繁栄に導くものを必要とした。十九世紀自由主義の中でこの調和的要素は完全に合理化されている。諸国民間のあらゆる紛争は、妥協か裁定かのいずれかによって、合理的解決が可能と考えられる。すべての人々は理性を共にしており、こうした紛争が現実なものというよりむしろ見かけ上のものであり、そのすべてが万人に受け入れ可能な合理的方式の中で解決されることに気づくことで、遅かれ早かれ共通の理性の基盤に出会うはずである。全ての国家があらゆる時点で自己の真の利益が何であるかを十分気付いていたなら、国家は自分たちの利益が実際には同一のものであり、一国にとって善なるものは必然的に他の全ての諸国にとっても善であり、存在するのは無知と失策にすぎず真の紛争などでは決してないということなどを認識したであろう。十八世紀フランスの哲学者、メルシエ・ド・ラ・リビエールが指摘したように、「どの国家にとっても明らかに最も都合のよい秩序は、ひたすら監視されていることを知られている必要がある」[1]。

しかしながら、国家は、時としてその真の利益を無視し、政治対立を実際のそれと見誤うところから、理性にかんがみてその相互の利益を見るべく説得あるいは強制的に導かれなければならない。E・L・ソーンダイクによれば、「……国家による、もしくは一国家内の諸集団による不正義や武力行使は、国家や集団の政府が全て理性的となるか、理性を遵守するようより強い力に何とかして強制されるまでは消滅しないであろう」[2]。集団安全保障の原理はそのとき、依然としてその特定の利益を諸国家からなる共同体の利益の上に置く国家に抗するものとして、開化された諸国結束の保護的発現と思われよう。

利益調和の一番の発現は、経済領域の中にある。この教義は最初重農主義者と古典経済学者により発展し、ついで社会の一般理論に拡大した。経済領域は合理的法則の体系によって支配される調和的世界の完全なモデルであると思われる。こうした法則がもつ合理性および予測可能性は、アダム・スミスやリカードの目には、自然の法則がもつ類似した性格といささかも違わぬものであった。重力の法則と自由競争の法則とは、異なる領域で同一の機能を遂行しているのである。この観点よりすれば、経済と政治を互いに排除しあうものとみなしたり、経済には自由主義が処理するあらゆる積極的属性を附与したり、そして政治には自由主義的伝統が悪とみなすあらゆるものを結びつけたりするのは、筋の通ったことにすぎない。

この傾向はマルクス主義にも潜在している。たとえそれが一方で、結局は真の経済法則から政治が逸脱するが故の資本主義批判によって、他方で、資本主義経済の機能として政治をみるという考え方によって、多少なりとも曖昧であっても、そう言える。しかも終始一貫、そこには理性と倫理双方に照らしてみて政治を本質的な悪とし、また経済を本質的に善とする信念が存在する。経済と政治との間の古典的な背反は、ここでは善——つまり社会主義的・自律的経済——と悪——つまり資本主義的・政治に支配された経済——に定式化されている。究極において、国家、つまり至高の政治組織が死滅したとき、経済の法則が無上の支配を行ない、社会紛争は消滅し、そして調和が永久に確立されることになるのだ。

経済と政治

マルクス主義のこうした終末論以外に、政治に対立するものとして経済の健全な力を同じように信頼することは、自由主義思想に流行している。こうした知的展開の当初にスピノザは、戦争を防ぐ最も確実な方法は議員に輸出入の歩合を支払うことで、平和が政治指導者を経済的に利することだろうと表明した[3]。同様の考えがサン＝シモン主義者ミシェル・シュバリエの著作に述べられている。彼はこう言った。「銀行家たちも彼らの神聖同盟を形成して会議に集合するときに、かれらの政治権力は確立されよう。この日から戦争へのあらゆる機会は消滅するだろう[4]。」異なる視点からプルードンは、経済の科学とその適用による経済均衡の鎮静効果を信じた。「統治機関が経済組織に置き換えられれば、万人の共和国という問題は解決され、ナポレオンの夢は実現されよう。すなわち、アベ・ド・サン＝ピエールのキメラ（怪物）は必然となろう[5]。」人はまたハーバート・スペンサーの予見を思い出すかもしれない。「現代産業社会において人々は資本の生産的な投下により彼らのどん欲な本能を弱めることができるから[6]」、そこでは戦争が陳腐なものとなるというのである。

現代思想によれば、一方に軍国主義、独裁政治、戦争の間に必然的相関関係が存在し、他方に産業主義、政治支配の最少もしくは不在、平和の間に必然的相関関係が存在する。国家と戦争は前経済的な歴史的時空のものであり、現在の経済的・技術的諸条件とは両立するものではない。

産業社会は軍事社会――最後には前者が後者にとって代わるが――に優位すると、国家の強制的性格を除去し、戦争を不可能にするというスペンサーの考えは、ほとんどの人が確信していることをただ科学的に正当化したにすぎないように思える。わけてもオーギュスト・コントとジョン・フィスケは、産業社会が戦争と両立しないことを信じて疑わない。ブルックス・アダムズが、軍事的タイプの人間は消滅しなければならないとの確信を表明するとき、それと同じ線上で考えている。M・J・ボンの言によれば、第一次世界大戦の間に非合理的な国家政策を合理的な経済的考慮に従属させることに政治家が失敗したことは、「戦後初期の時点において経済と対照された政治に対する激しい反動に導いた。政治情勢は直ちに鎮まりはしなかった。彼らがそれに直面しなければならなかった間は、世界は確固とした経済的な線上に再組織されることができなかった。……こうした条件の中で、経済は政治の支配から、ことに今や未熟な民主政府の手中にある政治の支配から解放されるべきだということが示唆されたのである。そうした政府による干渉は純粋に政治問題――これの何たるかは決して明らかにされたことはなかった――に限定されるべきであり、これに対し経済の管理は、国内における彼らの労働者や海外におけるかつての敵と容易に同調する実業家の指導者の手に委ねられるべきである。ヴァルター・ラーテナウは『経済は運命であった』と表明した。……実業家の、実業家による、実業家のための政府はどこにも安全に設立されることが見込めなかったため、政府は実業に干渉しないように教えられるべきである。経済は自律すべきであり、究極的には政治を支配するべきである」[7]。

M・J・ボンがこうした言葉を書いた同じ一九三九年、この種の自由主義思想の長命の実際的証明として、国際連盟時代の主要な政治家の一人、パウル・フォン・ゼーラントは「経済か政治か？」という意味深い標題をもつ講演を行なった。ここで経済と政治に対する自由主義の考え方と評価は国際領域に移されており、国際政治学に代わるものとして国際経済学が推奨されている。再びM・J・ボンを引用しよう。「対外関係には奇妙な矛盾が存在する。対外政策の目標は過去においてしばしば経済的であった。海外領土の獲得や外国貿易の拡大は主として経済目的――ことに重商主義の時代には――を考慮してきた。しかしこうした目標自体は武力政策の重要部分であった。その政策は政治目的のために軍事力を行使し、主として政治権力増大のために経済的富を高く評価した。マンチェスター学派は一般の国家政策を経済政策に従属させ、富をふやすことによって、政府の干渉ではなく政治の回避によって、この両者の関係を打破しようとしたのである。[8]」

国際関係は、たまたま異なる主権の下に生活し、世界の市場をめぐって抗争する製造業者や商人の集団の間の関係と見られた。これらの市場は、必要条件や生産能力の差異およびますます増大する人口のために、ありとあらゆる供給を常に消費したであろうし、このためあらゆる経済的利益は常に満たされた。一九二七年にルートヴィヒ・フォン・ミーゼスはこう述べた。「戦争に反対する決定的で反駁の余地がない論議を自由主義は分業に見出す。……諸国家が相互に海外の産物に依存しあう時代には、戦争はもはや行なわれるはずがない。[9]」八〇年前、ジョン・スチュアート・ミルは同様の期待を同様の議論の上でしてきた。「結局のところ通商は諸国家に、相互の富や利益を好意をもって見ることを優先して教えた。かつて愛国者は、世界を自国と感じるほど先進的な者でないかぎり、自国以外のすべての国々が、弱く、貧しく、悪政であることを望んだ。愛国者は今や他国の富や発展の中に自国の富や発展の直接的な源泉を見ている。通商こそ、本来的に戦争と対立する個人的利益を強化し拡大することによって急速に戦争を陳腐なものとしている。そして、国際貿易の大いなる広がりと急速な拡大は、世界平和の主たる保証人であるために、理想や制度や人類の特性などの不断の発展のための偉大で恒久的な安全保障である、というのは誇張ではないだろう。[10]」国家にとって、ことに貴族政治的な外観の下にこの調和的メカニズムと抵触することは愚の骨頂であり、また世界が苦しんだ諸悪の源泉であった。

自由貿易および国際交流と戦争

重商主義者が国際経済の領域に理性を優位させるべく君主を信頼したのに対し、自由貿易は重農主義者からアダム・スミス、コブデン、ブライトを経てコーデル・ハルに至る自由主義者の合言葉となった。プルードンはこう叫んだ。「関税を圧し潰そう。そうすることで諸国の同盟は宣言され、諸国の連帯は認識され、諸国の平等は布告されよう。[11]」そしてコブデンは誰に劣らず熱狂的である。「自由な貿易を！　それは何か？　何故、諸国を隔てる障壁を打ち倒すのか。これらの障壁は、その背後に自負、遺恨、憎悪、嫉妬といった感情が隠れており、時々は諸国の団結を打ち破り、全ての国に血を氾濫させるからだ。」自由貿易は、国際領域における利益調和という原則の古典的な表明となった。コブデンの言葉によれば「通商は最も重要な万能薬である。それは恵み深い医学上の発見のように、世界中の国々に文明の味を植えつけるのに役立つだろう。それは多量の商品を相手側に送るからではなく、それがどこかまだ啓蒙教化されていない社会の成員に知性と多産な思想の種子を運ぶからである。商人がわれわれの製造工場に訪れるからではなく、彼が自分自身の国へ自由、平和、良き政府の伝道者として帰って行くからである」[12]。究極のところ、「自由貿易は全能の神の国際法であり」[13]、自由貿易と平和とは「同一の大義」[14]であると思われる。英国諸島が第二次世界大戦の頭初、侵攻の脅威にさらされたとき、『パンチ』は海岸町の舗道に鉄条網をはりバリケードを作った二人の八〇台の老人を描いた。一人が車椅子から言う。「自由貿易さえしていれば、密輸に対してこんな大げさな警戒は必要なかったろうに。」

現代のコミュニケーションの発達は現代精神に経済がもつ統一力と新たな論議への信頼感を与えた。国際コミュニケーションの存在そのものが、国際理解および国際平和を形成するものとみなされた。サン・シモンは運河によって太平洋と大西洋を、マドリッドと海を、ドナウ河とライン河を、ライン河とバルティック海を結ぶことでヨーロッパ社会を再組織することを目論んだ。サン・シモン主義者のアンファンティンは同じ目的から地中海と紅海の間を結ぶ運河を提案した。アメリカの平和主義者エリフ・バリットは万国間ペニー郵便制を設けるための盛大な宣伝活動にのり出した。その計画によれば、国内郵便料金価格についてはそれぞれ当該諸国の裁量に委ねるが、外国郵便料金は一ペニーにするべきだとした。国際コミュニケーションをこのように推進することが国際平和の維持に好ましい影響をもつと期待されたのである。

しかし十九世紀の三・四〇年代が、国際コミュニケーションによる国際平和のために主な希望を架けたものこそ鉄道であった。ミシェル・シュバリエは一八三二年に次のように書いた。「物質分野で、鉄道は万国提携の最も完全なシンボルである。[15]」「われらが驚異の鉄路は……わが進んだ制度の価値に対する宣伝でありその証人である」と叫んだのはコブデンである。そして一八四六年、彼は次のような所信を表明した。「鉄道、蒸気船、低い郵便料金、そして自由貿易におけるわれわれ自身の前例は、世界を実際の戦争から守りぬくであろう。」ウィリアム・エラリー・チャニングは次のように述べた。「あらゆる鉄道は遠い地域を結びつけることで平和使節の役割を果たしているとみなされよう。[16]」そして飛行機がヴィクトル・ユーゴーに歓迎されたのは、「万国平和の手段」としてであった。『共産党宣言』は同様の確信をこう表明した。「人民の民族的孤立化や対立は、ブルジョワ階級の発展とともに、貿易の自由、世界市場、産業生産の均等化、それに照応する生活条件の均等とともに、どんどん消滅していく。」（的場昭弘訳、作品社）

近代のコミュニケーションが人々をより親しく物理的に接触するようにしたところから、諸国民は互いによりよく知ることを学んだであろう。諸国民は彼らの類似性に気づくようになったであろう。そして無知や誤解から生まれた紛争の多くの原因が消滅したであろう。サン・シモンは国際平和推進のための一手段として科学的社会のための会議を推奨した。この考えを実際に適用したものとして国際的性格をもつ私的・公的会議が自由主義的国際関係の時代に先行し、また随伴した。一八四〇年から一八六〇年の間には二十八の国際会議が開催された。一八六一年から一八七〇年にかけては六十九、一八七一年から一八八〇年にかけては百五十、一八八一年から一八九〇年にかけては二百九十五、一八九一年から一九〇〇年にかけては六百四十五、一九〇一年から一九一〇年にかけては七百九十である。[17] 現代技術は自然界における理性の偉大な成果であり、その合理性の故にそれ自体善であり、そのために社会にも間違いなく有益であった。

利益調和、経済、自由貿易、そしてコミュニケーションを戦争に代わるものとしてこのように信じることは、その根源を国家の干渉に反対する興隆しつつある中産階級の抗争のうちにもっている。国家がその干渉を全体福祉の論議によって擁護したとき、中産階級は国家に妨害されない個人の活動が全体福祉の最善の保証であると反論した。個人の利益と全体の利益は同じだったからである。このことは国内・国際両領域における個人の活動に照らして真実であることが、また国内通商は国際通商と同じく、国家が干渉をひかえたときに最もうまくゆくだろうことが、こうして強調されたのだ。国内での自由競争と国際領域での自由貿易は、その遵守によって諸国家の福祉が依拠する二つの基本原理であった。このことは十九世紀のある時点、つまり国内における資本主義が自由競争を基盤に全人口の最低限の欲求をみたしうると思われたとき、また世界が経済的に発展した国々と遅れた国々との間の分業を基盤にいつまでも外国貿易を拡張する余地があると考えられたとき、まさしく真実であった。さらにまた、すべての国家が自身の支配領域――経済的意味でのみ理解された――を拡大することが他のどの国家の同じように拡大する利益と決して衝突することなく可能であると考えられ、同じように、個人間の自由競争は決して真の紛争に帰結するものでなく、最後にはただ全体のためのより大きな福祉の蓄積を生むことになると考えられたのである。しかし歴史学派経済学は、二〇世紀の経験と同様に、自由競争と自由貿易の法則のもとに主張されてきた古典経済学の「永遠の」法則というものはただ特定の社会的・政治的条件の下でのみ有効であることを示してきた。

フリードリッヒ・リストは次のように言う。「誰かが偉大さの頂点にまで達したとき、他の者が自分に続いて登ってくる手段を奪うために自分が登ってきた梯子を蹴放すことは、極めて一般的で巧妙なやり方である。アダム・スミスの世界政治的な教義の、そして彼の偉大なる同時代人ウィリアム・ピットの世界政治的な傾向の、また英国政府を執行する彼の全ての後継者の秘密はここにある。」

「保護関税や航海規制により自国の工業力や航行を、他のいかなる国家も自国と自由に競争できないほど高めた国民にとって、自国を偉大にした梯子を投げ棄てておきながら、他の国に自由貿易の利益を説いたり、懺悔の調子で自分の国が従来誤った道を辿ったこと、そして今はじめて真理の発見に成功したことを言明したりすることほど賢明なやり方はない」[18]。

ここで再び自由主義は、一時代の限られた経験から普遍的法則を引き出したのであり、この普遍法則は、それらが元来発達したのとは違う条件に適用された場合、不十分とわかったのである。

さらに十九世紀は、こうした推論の中で国内領域においては平和な経済発展を生み出す諸条件を創出したものの、国際領域には存在しない政治的要素を顧慮しなかった。国内領域において国家の主権は、支配集団の経済欲求に照応する法規定を強化し、独断専横や暴力が合理的な経済企業のメカニズムを攪乱しないようとりはからう。国際領域では、そうした至高の権力はまるで存在しない。経済欲求の充足や独断専横や暴力に対する合理的な法規定を創出する代りに、各国の権力はここにおいては、他国の利益と常に衝突する自国の利益のみに奉仕するのである。そしてそれらが実際にそうなる場合、対立しあう諸権力間の不安定な均衡を公然たる武力紛争に移行させるものこそ、それらを支える国家権力なのだ。かくして、国際領域における国家権力と経済との結合は、平和と秩序の維持となるどころか紛争と戦争の源泉なのである。[19]

現代コミュニケーションの統合力についていえば、自由主義の国内経験による結論は明白である。現代政府の権力増大、政府機能の集権化傾向、そして現代テクノロジー諸条件のもとでの諸国民の社会的・政治的生活の結果として生じた統合は、まさしく近代コミュニケーションの発達にその多くを負っている。同様の統一や統合が現代コミュニケーションの国際的規模での発達によってもたらされると推論することは、国内領域においては現代コミュニケーションは政治的統一を創出してきたのではなく、ただ以前から存在し、また現代テクノロジーの発達とは関係なく存在していた政治統一を強化し一部変更したにすぎないという事実を見過ごすことになる。

現代は技術的には「一つの世界」である。しかしそのことはそれが政治的に「一つの世界」であるとか、またはそうなるとかいうことではない。実のところわれわれの世界は、これまで近代国家体系の歴史の中に存在してきたものに比べ、今日政治的には「一つのもの」ではない。その歴史を通じて今日ほど、西欧世界が道徳的・政治的に分裂していた時はなかったからである。現代テクノロジーはさまざまな国家間のコミュニケーションを著しく助長する一方で、同時にその政府にそうしたコミュニケーションを不可能とするような無類の権力を与えてきた。百年前イタリアに行きたいと思う市民は、ただそこに行くための輸送手段を手に入れさえすればよかった。今日、技術的には「一つの世界」ではあっても、もし彼がそれなくして何人も国境を越えられない種類の政府発行のパスポートをもっていないなら、彼はどこへも行くことができないであろう。技術的に「一つの世界」は数日で地球を回ることを可能にした。それは同時に難破によって人々がこの世から消え去るまで、どこに上陸することも認められず何か月間も航行しなければならなくした。それはまた母親たちに対し、現代政府の手中にある現代技術が彼女の子供たちを彼女たちからずっと引き離すことになるのを知りながら、子供たちが国境線の彼方に消えるのを見守ることを可能にした。現代の道徳的・政治的可能性は実に、技術的可能性に劣らず創造力をかきたてるのである。

前述の分析は、この政治哲学が国際政治の本質を理解するのを妨げ、そして国際場面における知的行動のための方向性を与えることを妨げた基本的欠陥を露呈している。いかにも逆説的に言えば、西欧世界は政治に対する積極的な考え方をもたない政治哲学を発展させてきた。われわれがすでに見てきたように、この政治哲学において権力政治という意味での国際政治は瞬時的な現象である。そのことは戦争が「貴族政治のための巨大な気晴らし」もしくは全体主義的逸脱にすぎない過去の時代と同じように符合している。こうした先祖返りがひとたび片づけば、国際問題は経済問題へと引き下げられるし、その解決のためには経済的治療法が適切なものとなろう。それ故、コブデンからハルに至る自由主義者たちは、自由貿易を頼みとしてきたのであり、国際政治の問題の解決としてそれを代用するのである。

同様のもっぱら経済的な見地は、近代の経済的・技術的発達に付随した恒久平和の楽観的期待に対して責任がある。この発達は戦争の技術や目的に影響せざるをえなかったし、またそれ自身の諸条件によって戦争の技術や目的を一変させざるをえなかった。こうして十八世紀と十九世紀においては、国内における様式に従って、方法であり目的としての肉体的根絶や奴隷化というむき出しの暴力は一種の集団決闘にとって代られた。すなわち、一つにはすでに承認された一連の規則に従う一定数の職業軍人による戦争であり、いま一つは併合、財政的賠償そして経済的搾取という法的取引による戦争行為である。所有権関係を交替することがむき出しの暴力に大きくとって代った。むき出しの暴力に訴えられたのは、暴力自体のためでもその結果生じる肉体的・物質的破壊のためでもなく、所有権関係の交替を招来する目的に限定され条件づけられた手段としてであった。戦争はまさしく、ジョセフ・プリーストリイの言葉にあるように、「武器を持たない平和な個々人をそれほど苦しめることのない[20]」ものとなった。

自由主義時代の特性をなす限定戦争へのこうした傾向を、ベンジャミン・フランクリンの『戦争観』ほど明瞭に捉えたものはない。「国家の本来の法にとって、戦争や絶滅は違法行為への罰であった。徐々に人道化されることで、法は殺す代りに奴隷制を認めた。次の段階は奴隷制の代りに捕虜交換であった。次は占領下の個人財産をより尊重し、そして獲得した所有権に満足することであった。どうしてこの国家の法を改善し続けてはいけないのだろうか。これまでその幾つかの段階の間には幾時代もかかった。しかし近年の知識増大が急速であるとき、どうしてこれらの段階が早められてはいけないのだろうか。未来の国家の法として、今後いかなる戦争においても、次に書くような人々が妨げられず、双方より保護され、そして安全に彼らの仕事に従事することがどうして認められてはいけないのであろう。すなわち、

一、大地の開拓者、彼らは人類生存のために働くからである。
二、漁民、同じ理由による。
三、非武装船に乗る商人及び貿易商、彼らは生活必需品や便益を通商・交易することでいろいろな国々に便宜をはかる。
四、無防備な街に住み努力している芸術家および技術者。

敵側の病院業務が妨げられるべきでないこと――それらは支援されねばならない――を加える必要はほとんどない。人類一般の利益のためにこそ、戦争の起こる機会および戦争への誘惑は減らされるべきである。仮りに略奪というものがなくなれば、戦争へかりたてる誘引の一つはとり除かれる。そして平和はそのためにはるかに持続するであろうし、恒久のものとなろう。[21]」彼は手紙の一つで局地戦争の理念についての描写を練り上げている。「要するに、私が闘う相手は誰もいない。いるのはただ闘いのために支払を受ける者たちだけだ。味方であれ敵であれ農夫からとうもろこしを手に入れねばならぬ場合、私は彼にそれに対する代価を支払うであろう。そのことは他の者の魚に対しても、品物に対しても同じである。[22]」

自由主義の時代には戦争の考え方の方法と目的が限定されはじめ、それ故により暴力的でなく、より人道的になったという意味で変化したことは確かである。しかし、この限定され、商業化され、また適法化された戦争観から、次の結論に至るまでにはほど遠かった。すなわち、国際場面における自由主義経済のこうした意見は、持続的に進展する戦争の人道化の一局面にすぎず、経済的抗争の中で国際政治と戦争を混同することへの序曲にすぎないという結論である。ここで再び現代人たちは、政治と経済を人々がその間で選択すると共に排除しあう方策として考えるという彼らの原罪の犠牲者であった。自由主義者の選択は経済であったし、またこうして彼らは国際政治と戦争を商業化することによって国際政治と戦争の両者を共に取り除けると考えたのである。

科学と政治

しかしこうした臆説の下にさえ国家間の紛争は存在したであろう。隣邦の領土を、植民地を、市場を、経済資源を渇望した国家はなお存在したであろう。こうした紛争は理性の適用によって解決できると言われる。それらは理解の不足から生じる調整の誤りや政治的情熱の影響によるものである。もし無知と激情さえなければ、理性が自然科学の分野で非常に多くの問題を解決してきたように、理性が国際紛争を容易かつ合理的に解決したであろう。プルードンは国際領域における科学の恩恵を称賛した最初の一人であった。「真理は何処においてもそれ自体同一である。科学は人類の調和を明証している。それ故に科学が、宗教あるいは権威に代って、社会規範として、つまり無力に等しい政府によって、さまざまな利害の至高の調停者としてあらゆる国で採用されるなら、全世界のあらゆる規範は調和するであろう。国籍とか祖国といった言葉はもはや政治的な意味では存在しなくなるだろう。そこに存在するのはただ生まれ故郷にすぎないだろう。人は、その人種や肌色にかかわりなく、まさしく世界の住民になろうし、市民権ならどこでも獲得できるようになろう。同様にそこでは国家領土の特定地域の自治体が国家に相当し、その権威を行使し、地球上の諸国民は人類を意味し、その自然の国境の中で人類として行動するだろう。国家間には、外交や会議なしに、調和が支配しようし、今後ともそれを妨げるものは何ものとてあるまい。[23]」C・E・M・ジョーは言う。「今日平和主義者の義務は、何よりもまず合理的であることである。言い換えれば、彼は主張する際には自らの理性の行使に頼るべきであり、そして他の人々が彼らの理性を行使する気にさせることを想定すべきである。……事実、真理は、人々にそれを見出す十分な機会さえ与えられれば勝利しよう。[24]」マルクスは、すべての労働者が『資本論』を読みうること、そして偏見なしにそれを読んだ者は誰しも納得せざるをえぬことを確信した。クラーレンス・ストライトが今日次のように主張するのも、理性の力への同様の確信によるものである。「合衆国上院と英国議会の真に偉大な人々は、連邦を彼らが理解した場合には、それを擁護するだろう。[25]」

その時政治史は、無知で激情的な人間によって最も非合理的に扱われるものの、科学的方法によって解決されるべき科学的問題の継承者となる。ホーマー・リーのような現実的な観察者にしてからが、国際事象の問題は知識の問題に還元された。すなわち、もし「蛮勇」が適切な事実への知識に置き換えられれば、人は国際場面で成功裏に活動できよう。著名な平和主義者ベルタ・フォン・ズトナーはこう書いている。「政治の科学が現在の政治手腕にとって代わられ、真理だけを真摯に求め、その真理を通じて善――あらゆる文明国を包含する普遍的な善――だけを得ようと努める者が立法権と政治権力を持つであろうとき、その時は到来しうるし到来するであろう。」

ただ知識を保持する点についていえば、ロバート・S・リンドによると、今やすでに到達している。彼はこう言っている。「診断法はすでに十分完璧である。それは、ナショナリズム、帝国主義、国際金融と国際貿易、そして戦争を推進する現代文明内の他の諸要因についての十分な研究の長いリストの賜である。戦争の問題は、他のほとんどの問題以上に、いろいろな学問分野の科学者からの注意をひいてきたし、その分析はまさしく明白な知識が存在する地平にまで進んできた。戦争の原因については考え抜いた幅広い研究者グループによって知られており、また受け入れられている。しかし何がなされるべきかという表明は衰えている。社会科学は学問的研究論文の厳粛な発見を具体的な行為のための大胆な計画に変ずることに逡巡するからである。……問題が知識の欠如から生ずるのではないこうした争点の場合に、社会科学に必要とされるのは、人々の持つ真理が学問の脈絡のない断片とならないように、その発見を総合する意志である。こうした発見を提起し、その意味を指摘し、謙虚な市民の前に着実にかつ威厳をもってこの有害な証拠を制するであろう方法で行為を提起するに十分なほど、われわれは戦争とその原因について知っている。[26]」

秘密外交と戦争という古い方法を新しい科学的アプローチにとり代えたのは、この理性の時代のことであった。領土の要求、少数民族への統治権、原料の分配、市場をめぐる闘争、軍縮、「持てる者」と「持たざる者」の間の関係、平和的変革、そして世界全般の平和組織――これらは、反目しあう国家間のそれぞれの力の配分とその可能なバランスの基盤の上で一時的にそして常に不安定に解決されるべき「政治的」課題ではない。それは、理性が一つの正しい解答を他のすべての正しくないものを除外して見出すたぐいの「技術的」問題である。

こうして十九世紀は「平和の科学」を科学的知識の分枝として発展させた。多数の本がこの題目で刊行された。ある本は研究者のコンペで一位を獲得さえしている。[27]「自然国境」という概念は、十六、七世紀には戦略的・政治的含意をもっても科学的含意をもたなかったが、伝統主義者とナポレオンによって地理学的に正しい国境の意味が紹介された。フリードリヒ・リストはこの概念に経済的意味を与えた。十九世紀の七・八〇年代において、大英帝国の世論は「科学的国境」の問題を真剣に論じた。理性に照応し、科学的に正しく、その結果、この地理学的区分の中で他のあらゆる国境を科学的に正しくないとするものとしてである。一八七八年十一月九日、ロンドン市長官邸における演説の中でディズレーリは、インドの国境は「偶然的なものであって科学的ではない」と述べることで第二次アフガン戦争を正当化したのである。

そうした「科学的」国境の探索は、十八世紀の後半、つまり領土の分割や併合に際して分配されるべき領土の部分がもつ相対的な価値が、その土地の生産力、その人口数や質などといった一定の「客観的」基準に基づいて確定された時に始まった。この流れを受けて、ウィーン会議は、メッテルニヒの示唆によって、人口数や質や構成という「客観的」基準による論議のもとに領土を設定することを委託された統計会議を任命した。[28] 領土の境界決定はこうして一種の数学的問題となった。「良い国境」という考え方は、十九世紀最後半の数十年間ドイツにおいてロシアの領土欲求に関して発達したものであるが、ほぼ同様の内容をもっている。「科学的関税」という考え方は対外貿易に科学をもちこもうとする試みである。国際的な国民投票の理論と実践は国際問題に対する同じアプローチのもう一つの典型的表明である。ここでは多数者の意志が科学的試金石であり、それによって領土に対する統治権が確定されることになる。三〇年代にルフェーブル少佐はその理論を「科学的軍縮」について進めた。地政学は対外政策一般を科学的基盤の上で説明しようとするものであった。

政治上の問題を科学的定理に従わせようとするこうした傾向が一般に受け入れられたのは、やっと第一次世界大戦後のことであった。ハートウッドのアレン卿はこう書いた。「理性はついに人々の行為に影響を及ぼす独立した要因となりつつある。これは科学の到来による。……人間の精神は、今や自然の主人公であると自ら感じ、迷信的に働く代りに合理的に働きはじめている。意見の形成に際して人は身のまわりの現象を観察し、そして自分の結論をひきだす。その瞬間から心は影響力をもつ独立した要因となりはじめる。それは今や、それ故に政治的力として考えられることができる。しかしそれはかつて文明史の中で決して可能ではなかった。過去三十年間にこのことは世論に影響しはじめてきた。[29]」

第一次世界大戦が終ると共に、国際問題への科学的アプローチの時代とでも呼ぶべきものが始まり、そしてその終りはまだ見えてはいない。ハーグ（平和）会議や幾多の私的平和会議に先導され、政府自らが、科学的方法によってあらゆる国際問題を解決しようという目的で、歴史上未だかつてなかったほど、熱っぽい活動のプログラムに乗り出した。政府、国際連盟、そして私的集団は、相互に競って国際会議を組織し、教育や研究を奨励し、そして科学的方法で人間性の悪を治すべく幾多の本を刊行した。戦後の世界問題に対する科学的解決を見出そうとする広範な努力——これらは近年われわれが立証してきているところであるが——は、この現代の知的傾向の、最も新しいがおそらく最終的ではない表明である。▼30

一因の法則

この時代は常に賢者の石、魔法の公式を探し求める。それは機械的に適用されれば望ましい結果を生み出し、かくして政治行為の不確かさや危険に代って合理的計算の確実性を与えるだろう。しかしながら、魔法の公式を求める者が望むのは単純、合理的、機械的なものであり、そして彼らが取り扱わなければならないものは複雑で、非合理的で、計算不可能なものであるところから、彼らは少なくとも科学的解決らしきものを提示するために、国際政治の現実を単純化し、「一因の法則」とでも呼べるようなものを展開させざるをえなかった。

戦争の廃絶は明らかに国際思想が直面する基本的な問題である。この問題の解決を非合理主義者の精神にとって非常に困難にするものは、原因の多様性——それらの根源を人間精神の内奥にある欲求にもっている——である。もしあらゆるこうした多様な原因を合理的公式化が可能な一因に還元することが可能であるなら、戦争と平和の問題の解決はもはや不可能とは思えない。これはまさしく自由主義の外交政策がその当初より行おうとしてきたことであり、そして国際連盟が全盛期以来、それは自由主義の外交政策の新奇さの象徴となってきた。しかし、ほとんどの人々はそれが「一因」の救済となる「建設的」計画をもたないため、創造的思想が欠如していると見做したであろう。

　封建制の遺物がこの世界に戦争を生み出す大きな一因ではないのか。貴族主義政府をいたるところから追放しよう、そうすればわれわれは平和を獲得するだろう、と正統派自由主義者なら述べたであろう。実際の政治の中でこの一般命題は特定の状況に合致するようにさらに専用の解決策へとしばしば限定された。こうしてベンサムと功利主義者たちは戦争の主原因を植民地をめぐる闘争のうちに見て、そのため彼らは戦争の解決策として植民地政策の回避を唱道した。「ヨーロッパ諸国はその植民地を解放せよ、そうすればかれらはその争いとなるものを何ももたないだろう」[31]とジェレミー・ベンサムは一七九三年に述べた。他の者たちにとって関税は国際領域での諸悪の根源であった。したがって彼らには自由貿易があらゆる善の根源となった。プルードンによれば、関税の抑制は、国際連邦、国際連帯、そして国際平等をもたらしたであろう。またコブデンにとって自由貿易は「普遍的・恒久的平和を招来する唯一の人間の手段」[32]であった。他の者たちはまた、秘密条約と秘密外交一般を廃止し、また国際政策の大衆的統制により平和を保障しようとした。現代の戦争は独占資本主義の矛盾の結果たる帝国主義の産物ではないのか。だから資本主義を追放しよう、そうすればもうわれわれは戦争をもつことがない、社会主義は平和だからである、とマルクス主義者なら述べるだろう。

　同じ偏狭な思考様式は国内領域でも同様に見出される。あらゆる社会悪は経済法則についてのわれわれの無知に由来する。「単一税」はこうした法則の本質を表しており、あらゆる社会問題を解決しよう。われわれの経済体制は、政府がその集めた以上のものを消費するから問題がある。

そこで予算を均衡させせよ、そうすればわれわれの経済問題は解決されるだろう。悪い言語習慣はわれわれの社会の諸悪の根底にある、それ故に良い言語習慣を獲得することでわれわれの社会問題は解決されるだろう。エマーソンは『ニューイングランド改革者』の中でこの思考様式を次のように述べた。「ある伝道家はすべての人々は耕作すべきだと考え、他の者は人は売買すべきではない、金の使用が根源悪だと考え、他の者は悪の種はわれわれの食事にある、われわれは破滅を喰いかつ飲んでいると考えた。こうした者は無発酵のパンを作り出し、発酵は死への敵だった。……他の者は農業の仕組を、耕作に動物堆肥を用い、そして厳しい自然への人間の横暴、これらの濫用が人間の食物を汚染すると攻撃した。……昆虫の世界すら擁護されるべきだった――このことはあまりに長い間無視されてきたし、みみずやなめくじや蚊を保護する社会が即刻組織されるべきであった。これらと共に水療法や、催眠術や、骨相学、キリスト教の奇跡という最高理論を持つ類似療法の達人たちが出現した。他の者たちは法律家、商人、工場主、聖職者、学者といった特定の職業を激しく攻め立てた。他の者は結婚制度を社会悪の源泉として攻撃した。他方は教会の雑事と教会礼拝式の会合に専念した。そして年老いたピューリタンの間に見られる信仰至上主義の豊かな形態は新たな改革の多量な収穫の中に釣り合う物をもっと考えられた。」

しかしながら、国内領域では、「一因の法則」はどちらかといえば限られた理論的・実際的な重要性をもっていた。ここでは集団的狂気の時代にあることを除けば、直接的な個人経験がこのアプローチの困難さを明らかにし、抱いた利益の圧力によって藪医者が救世者と見誤まれることのないように守っているからである。

国際主義者は、これに対し、国際場面との直接的な接触をもたない。彼の思想は、もし十分に普遍的であるなら、いつでも政治という厳然たる事実と衝突する危険を冒すことなしに地球上を徘徊できる。合衆国のために「四つの自由」を宣言した者は、彼自身の個人的経験から、そして歴史から、それと共に抱かれた利害の反動から、こうした偉大な原理を実現しようとするあらゆる努力に必然的に伴う社会的・政治的問題の極悪性を必ずや学ばざるをえなかったであろう。「四つの自由」を「世界のすべてに」という宣言は歴史的現実も政治的事実との接触を避けていることで十分に一般的になる。

国際領域で「一因」の闘士がしばしば社会的・政治的良識を備え、改革を望むに際して比較的無害な出口を求めるのは、まさにこうした理由による。国際的改革家という世界規模の行為の背後に国内問題の抑制された改革家が隠れているかのようである。請願書に署名し、演説を行ない、論文を書き、あるいは国際理解の会合に出席するだけの者は、立派な大義のために何ごとかをなした満足感を経験する。良き行ないはいかなる犠牲も伴わず、いかなる危険も招来せず、またその行為者の生活の現状にいかなる変化ももたらさず、その行為を一層魅力的なものにするだけである。逆に言うと国際的改革家は、例外的に勇気に満ちかつ賢明でなければ、自分の国の条件や理念や政策——その変更は少くとも部分的な国際理解で決まるが——に明らかにとどまり続けるであろう。ある時点における国内改革の緊急性がある程度まで世界一般の疾病のために提供された万能薬の量と釣合うこと、またそれによってその万能薬の効能と見合うことを人は理解するだろう。両大戦間の数十年間、そして国内社会改革と国際仲裁の双方が一般の注目を浴びた今世紀転換期の時代は、特定の国内問題から普遍的国際問題へのこうした巧妙な現実逃避にとってさらに重要である。

責任なき改革家は、現代国際思想の兵器庫の中に彼が探し求めているものを見つける。「一因」を治療する一つの万能薬がしばしば他のものと両立しないことは彼にとって問題ではない。「一因」は現実の多様な原因からの任意の抽象であるところから、一つの抽象、それ故一つの「一因」は次のものと同様に良いものである。さらに、「一因」の探究は、限られた方法で限られた政治状況に介入する限定的な解答に由来するというよりは人間事象の改善のために貢献しようとする漠然とした願望に由来する。そのため世界の疾病についてのいかなる一般的説明も、それらを治療しようとするどのような一般的計画も、彼らの漠然とした感情を満足させるだろう。

したがって、「一因」そしてそれを解決する「科学的公式」の巨大探究場は国際場面であり、その重要な時期は両大戦間の二十年であった。国際社会は組織化されていない。こうして「国際機構」——その抽象的合理性において十八世紀哲学のユートピア的体系の法的対応物である——は科学的公式になったのである。この公式は、指導的平和主義者でノーベル賞受賞者のA・H・フリードが今世紀初頭に提出して以来、あらゆる思想学派の信条となってきた。他の者たちはむしろ世俗的救済策を考慮した。戦争とは武器によって闘われるのではあるまいか、兵器を禁止もしくは少なくとも削減しよう、そうすれば戦争はもはや不可能となるか、少なくとも減少しよう。他の者たちはまたさまざまな解決法を併用し、唯一妥当なものとして科学的基盤にのっとった組合せを擁護しようとした。こうして一つの思想学派、フランスの対外政策とその後見人たる急進社会党に代表されるものは恒久平和確立のための論理的な継続手段として「安全保障、調停、軍縮」を提唱した。これに対しフランス社会党はその順序を置き換え、「調停と軍縮による安全保障」という人々のすぐれて科学的価値をもつ解決策を言明した。フランスの対外政策は抽象的計画においてことに生産的であった。それは「ブリアン・プラン」、「ラバル・プラン」、「タルデュー・プラン」、「エリオ・プラン」、「ポール＝ボンクール・プラン」のように、一つの法的方法でヨーロッパでの外交政策の諸問題に科学的解決を試みたのである。

その他のところでは、ことに一九二九年の恐慌以来、国際不安の「一因」は経済分野に見出された。国際貿易の制限と原料および国際購売力の不足は国家を戦争にかりたてる。互恵的貿易協定の締結のため、原料再分配のため、国際借款の流動のための科学的解決策を見出そうではないか。そうすれば平和になるだろう。三〇年代の帝国主義的欲求に由来する戦争の危機に対応するため、国家が現状を平和的に変革できない場合は常に、それを戦争によって変革しようとするだろう、したがって科学的に規定された平和的な変革は戦争を不必要なものとするだろう、ということが論じられた。合衆国はその中立としての諸権利が侵害されたため一八一二年および一九一七年の戦争に巻きこまれたと思われるので、われわれはこうした権利を特別立法によって放棄することにしよう。そうすれば戦争の危険は消滅するだろう。銀行家の投資への不安が第一次世界大戦へのわれわれの介入に責任があったところから、交戦国への借款を禁止しよう。そうすればわれわれは次期大戦に関係することを免がれるだろう。最近になると、国家主権が戦争に責任があること、そして国家主権を世界連邦もしくは少くとも民主主義諸国からなる連邦に集約することが戦争と平和の問題に対する科学的解決であることが明らかにされた。こうして時代は常に科学的解決策を探し求めており、そして難治の現実が再三にわたり今日の解決を明日の誤謬としているのである。

国際関係に対する科学主義の時代は、必然の結果として、政治評価に対して科学的基準の代用を生み出し、ついには知的な政治決断を下す全ての能力を崩壊させることになった。権力は、どのように制限され限定されようと、国際政治が最重要と認める価値である。国際領域での政治決断が従わねばならない試金石は、それ故こうした決断が国際領域における力の配分に影響を与える基準を参考にする。リシュリュー、ハミルトン（この点ではジェファーソンも同様である）あるいはディズレーリが国際場面で行動する前によく表出した疑問は、この決定が彼我の国民の力を増大するかそれとも減少するか、というものであった。だが国際関係の「科学者」の疑問は異なる。彼にとって国際問題の歴史は、帰するところ正確なもしくは誤った知識をもった官僚により正しくもしくは誤って解決された科学的諸問題の連続であるところから、彼にとっての至高の価値は力ではなく真理である。力の渇望そして力の防御は、そのとき原因と解決法を探究する科学的態度から常軌を逸したものとなる。すべて存在するものは何らかの原因によるのであり、他の原因の置き換えにより違って確定されるところから、いかなる経験的現象にも無理に反対することは無知の一つとなる。科学的精神にとって、存在するものはそれが存在するが故に正当化される。もしわれわれが物事のあり方が気にいらないのであれば、その物事の原因を探求し、その原因を変えることで物事を変革しよう。闘うべきものは何も本質的には存在しない。存在するのは常に、分析し、理解し、そして改革する何ものかである。

現代精神にとって、如何にして総括的な科学の力への信頼を外交政策の思想的力（*idee-force*）とすることが可能となったのであろう。ここで再びその答えは合理主義哲学の一般的仮説の中に見出されるはずであり、おそらくは国内経験による一般的想定の中で実証されるだろう。国内領域での自由主義の勝利は政治的なものの独自の先鋭化と、それに応じた非政治的なものの領域の拡張をもたらした。それ故、政治的内容のない非政治的領域は分離した合理的審査を免れなかったのである。かつては政治権力をめぐる闘争の報償であった諸目標は、今や冷静で実際的な方法で取り組まれ、経済、行政、もしくは法律といった特定の技術に従って支配された。自然科学と宗教が政治支配から自らを解放し、それぞれの自律性を確立した後、自由主義は、国家を征服することにより、常に増大する領域を直接の政治支配から解放し、そしてついには、国家から政治を放逐さえし、政治手腕自体を科学とするかに思われた。商業と産業は理性の下で初めて自律性を獲得した。重農主義者にはなお政治プログラム――当時の政治権力に不運にも提起された――であったものは、アダム・スミスにとってはすでに経験により確証された科学的真理の体系――その実際的関係をいかなる理性的人間も免がれることができなかったが――であった。政治的裁定は、科学的に訓練された裁判官により構成され法科学の原理に基づいて正義を行なう独立した法廷に置き換えられた。特定の政治集団に都合の良い古風な独断的選挙方法は、全市民のための十分にして平等な代表を保証する科学的方策に道を開いた。国家公務員制度は客観的・非政治的基盤の上に政府の人員を選択する。立法上の改革はますます専門家の委員会によって準備され、政治的考慮の代りに科学的考慮によって主として影響を受けるように思われる。徴税、行政、そして保険は「科学的なもの」となり、ついには、「政治科学」の適切な部門とみなされない政府活動の領域は存在しなくなる。

この知的状況の中で科学的アプローチを国際問題に拡張することは論理的に避けられない一歩であった。しかしひとたび国内領域から国際領域へのこの一歩が真面目に踏み出された場合、このアプローチの誤りは明白にならざるをえなかった。科学的方法を国内政治に適用することが少なくとも一時的・部分的に成功させた条件が、国際領域には完全かつ永久に存在しないからである。さらにこうした条件を、中産階級が自由主義体制を設立し維持した特定の歴史環境の中に見られたはずである。中産階級が明確に自分たちのために権力をめぐる闘争を決意した場合には常に、もはや力の配分にいかなる直接の関係をもたない伝統的な政治課題は技術的なものとなり、支配集団による科学的解決は可能となった。新たな力の配分が再び挑戦された場合、もしくは少しも明確に設定されることがなかった場合には常に、この科学的アプローチの専門的方法は一時的に科学的解決策の背後に政治的問題――いつでもそれ自体を容易に再主張し明白な技術的解決を理論的に無効にしてしまう――を隠したであろう。力の均衡が国際関係の本質であり安定化要因であるところから、力の配分はここでは決して恒久的に設定されることはなく、常に不安定で絶えざる変動を受けやすい。国際領域において政治問題を科学的問題に矮小化することは決してできない。力の配分の問題は常に存在するからであり、それは政治的決断によってのみ解決されうるのであり、科学的策略によってではないからである。

科学的方法を政治領域で普遍化することは、現代精神の国内経験に導かれたところであるが、それは国内問題における政治的誤りである。しかしながら、そこでは政治圧力と個人利益との精練されたメカニズムが、科学的方法の誇張に対して自動的な抑止として作用している。国際領域には個人に直接作用するそうしたメカニズムは存在しない。したがってここにおいてこそ、科学的解決策のもつ無限の力への信頼が特に強いものとなり、そして特に効果のないものとなっている。ここにおいてこそこの信頼から生み出された方策は、出来事の実際の経路を規定する武力とはいささかなりとも関りをもたないからである。出来事はそれ故、こうした策略がかつて企てられたことがなかったかのように（そしてこれは、たとえばあらゆる国際問題を解決しようとしてきた国際専門家会議の提案のように、通常おこることであるが）その進路に従うか、あるいはこうした策略が例外的な事例において適用され、その推進者によって予見されざる結果を生みだし、そしてまたたとえばイタリア・エチオピア戦争中のイタリアに対して取った制裁や一方的軍縮のように、推進者にとって大きな損害をしばしば生み出すかであろう。しかも非常に皮肉なことに、この思想学派は「現実的である」という特権を独占し、国際行動の基礎づけを抽象的理性という理念的仮説の上よりも、むしろ政治の現実を規定する強制力の理解の上に置く稀な試みを軽蔑するのである。[33]

自由主義の政治家は、一般に、歴史の経路を規定する政治諸力の存在を考慮に入れることなしには後者の道を進むことはできない。少くとも彼に対して、こうした諸力は日々圧力をかけるからである。政治家たちはいかなる科学的公式も有用でないような問題解決のための国際論議の実体を見落すことはできない。こうして自由主義の外交政策は、二つのタイプの国際論争を取り扱う二つの明確な方法を発展させてきた。いわゆる「政治的」論争もしくは利害紛争に対する妥協と、いわゆる「法的」論争に対する国際法の支配である。

妥協

妥協を導く交渉によって解決されない国際問題はないというのが、自由主義外交政策の基本的実践理念であり、何度も言動で表現されてきた。セシル卿はこう言う。「基本的な考えは、もし論争する者たちを会議の席につけることができ、紛争の原因について中立の雰囲気で話し合うよう説得できれば、彼らが闘わぬ可能性は大きい。いずれの側もそれを見守る世界の共感を得ようと、できるだけもっともらしく自分たちの立場を主張しよう。そしてその時、そのように合理的に述べられた争点の間には、実際ほんのわずかの相違しか存在しないことが分かるか、あるいは両者の一方の主張するところが全く無理な要求と判明し、相手に譲歩せざるをえなくなろう。[34]」ベルリン会議以来、大きな問題が国際平和を脅かした場合は常に、外交は国際会議に助けを求めた。そして第一次世界大戦以降、国際会議は解決を要する紛争の量および緊急度が増大するに応じて増加したのである。

この時点での国際関係は、抗争しあう意見の自由なやり取りの中に紛争自体を処理する不思議な力が内在するという考え方に支配されていた。物事を話し合うことによって政治家は、彼ら全てが主張する理性の共通基盤に気付きはじめる。合理的論議は、画一化された意見が架橋しがたい紛争とみなしてきたものが誤解であることを示すであろう。論争は争点と論争者の立場を明確にし、そして合理的和解という基盤にのっとった理解がそれに続くはずである。同一の哲学は、第一次世界大戦前の仲裁条約におけるそれほど野心的でない調停委員会に端を発し、年一度や二度の政治的・非政治的部門の会合や、多くのその常設委員会や臨時委員会、そして国際論争の平和的解決のための制度的機関などをもった国際連盟を頂点とする恒久的制度に表われた。ディズレーリの「現代の平和」――ベルリン会議後一八七八年にそれをもってこの時代は成功裏に始まった――と、チェンバレンの「現代の平和」――それをもってミュンヘン会議後一九三八年に破局のうちに終った――には深い意味がある。上記二つの歴史上のエピソードは、その五十年の間における国際問題についての政治思考を蝕んだ衰退を説明しているだけではない。それは同時に交渉という方法が成功しうる諸条件、またそれが失敗せざるをえない諸条件をも説明しているのである。

ここで再び、自由主義はその国内経験を普遍化することによって邪道に陥った。この経験の特徴は、商人、雇用者、被雇用者、専門家、政治家といった者などの間の抗争であった。そうした個人や集団間のあらゆる抗争――その時代はそれに気付いていたが――は、自由主義社会や自由主義国家の枠内で生じていた。こうした抗争のどれ一つとして自由主義秩序そのものの存在に異論は立てなかった。自由主義的枠組の永続性は承認されていたし、論争者の議論および解決の可能性はそれらの自由主義的身元の証であった。合理的利益と合理的価値による社会は、この自由主義の枠組が準備したものであるが、抗争による危機を極少化するに役立った。論争者たちは、彼らが共通に保持しているものの方が、そのために闘っているものより重要なことを間違いなくわかっていた。彼らはまさしく、自由主義的合理性という共通基盤の上で出会ったのであり、彼らの抗争は、自由主義社会の条件下でまたその枠組の中で生まれたものであるから、自由主義的合理性の手段によってすべて解決できたのである。

しかし、そうした合理的利益や合理的価値による社会は、国際場面では、少くとも恒久的・普遍的には全く存在しない。そうした社会は、ウィーン会議後およびベルリン会議後の数十年——領土上・政体上の現状維持の利益と植民地の拡張と搾取とがそれぞれそうした共通の枠組を準備した——ヨーロッパの大国の間ではある程度存在したと言えるかもしれない。その中で抗争は、その枠組の存在を当然のこととし、またまさしく後者の諸条件から生まれたものであるが、妥協を授受することで合理的に解決されることができた。

しかし全ての国際紛争がこの種のものでもないし、また神聖同盟や恒久的・普遍的性格のヨーロッパ協調を生んだ状況でもない。大きな国際紛争は文明の様相を変え、現存する利益と価値の枠組の存続そのものに挑戦し、そして新たな力の配分によって新たな政治的・法的体系を創造したり、特定の二次的抗争が再び妥協や判定といった合理的手段によって解決される古い体系を保護したりする。非ローマ人とローマ市民の間の、アラブ世界とヨーロッパの間の、ナポレオンとヨーロッパの間の、ファシズムと西欧世界の間の抗争といった大きな紛争は、しかしこの種の方法によっては解決できない。ここでの解決は合理的妥協によるギブ・アンド・テークではなく、政治的戦争による勝利と敗北である。ここでの争点は、およそ政治的競争ではなく、絶対的な権力をめぐる闘争のカイザーに非ざれば人に非ず（*Aut Caeser aut nihil*）だからである。そうした抗争の交渉者が準備することは、その闘争を現実に始まる前に放棄することだ。自由主義時代の国内対立と諸国家の大論戦をこのように混同することに、自由主義外交政策の決定的な弱点の一つが存在する。自由主義外交政策が、その国内に起源をもつ諸条件と同種の国際的諸条件を処理しなければならなかった際には常に、この弱点は比較的害が少なく、結局はいかなる実際的重要性をもつこともなかったであろう。この外交政策は、しかしながら、それが二つの大戦間の時代のように、その起源の国内諸条件とは本質的に異なる状況に作用しなければならない場合、破局に終わらざるをえなかった。ちょうど『ニューヨーク・タイムズ』がこの時代の自由主義外交政策を回顧して指摘したように、「妥協、融和は海外におけるわが弱点であると同時に、国内におけるわが強さでもある[35]」のだ。

国際法

自由主義は、国内での合理性と平和の経験に著しく支配されているため、交渉と妥協による方法は間に合わせものにすぎないとみなしている。その方法は平和的ではあるが、完全には理性的ではないからである。自由主義の哲学と実践は、裁判手続の中に国際紛争解決の理想的な方法を見出す。法制度に妥協のための代理権を付与することが必要なのは、ただこの方法がまだ普遍的に受け入れられていないからにすぎない。

自由主義にとって国際社会と国内社会の社会構造は本質的に同じである。そこで自由主義は、国内社会に対する誤った、しかし通常の国内条件の下では害の少ない解釈を、国際場面に単純に移し変える。国内社会が自由主義の時代に享受する平和と秩序は、ことに独立した法廷により適用された場合、法の支配がもつ平和回復力に起因すると信じられている。ここにおいて封建制の打破と専横・抗争・暴力といった附随した諸悪を徐々に鎮圧することは、法支配の拡大と一致する。しかも進歩は継続的なものであり、国境線で止まるものではない。法支配の勝利の行進は、その国内支配の下で生活する人々に平和と秩序と幸福をもたらした後、全人類を統合し、全世界をその支配の下に置くまで止まることはないであろう。法支配の及ぶ範囲をさらに広い領域にただ量的に拡大することで、人間の行為をさらに一層法の支配に委ねることにより、世界をおおう法の支配力は究極的に確立されることになろう。

民主主義憲法の下に住む人が多ければ多いほど、民主主義の支配する地域はますます拡大する。それらの法が、民主主義政体のあらゆる理論的要素が結合されたモデル憲法に近ければ近いほど、これらの人々の享受する民主主義はますます完全になる。「真理、理性、正義、人間の権利、財産権、自由権、安全権は、どこにおいても同じである。何故どの国家も、同じ民法、同じ刑法、同じ商法をもつべきでないかをわれわれは理解出来ない。良い法は万人にとって良いはずだ、ちょうど格言が万人にとって真実であるように。」[36] コンドルセが一五〇年以上前に述べたことは、今日なおわれわれの政治的思考の基礎にある前提である。ディズレーリはこう説いた。「過去二十年間に君は君の外交問題に対する行動に政治原則の代りに感情的なものをもちこんだ。君は英国の憲法をモデル農場として考えた。」チャールズ・H・マッキルウェインによると、「ギリシア人は政治によって法を考えたが、われわれ現代人は法によって政治を考える。」[37]

第一次世界大戦後ドイツ、オーストリア、スペインの共和国憲法が構想され、次いでこの地上で「最も自由」で「最も民主的」な憲法と歓迎された――それらが自由主義思想が「完全な」憲法に要求した規定の非常に多くを含んでいたため――のは、この法律主義の精神、自由主義哲学という抽象的合理主義の真の子供においてであった。今日、世界中に自由選挙と民主主義制度を主張することは、同じ哲学的前提に根ざしている。自由と民主主義が生きた現実であるべきために、国際委員会によって正しく管理された強制力が法の支配以上に要求されるかどうかという問題は、滅多に起こらない。

同じ知的手続きにより、一つの地勢的範囲で有効に作用したとみなされたロカルノ条約は、平和と秩序を必要とする地球上の他の地域にも等しく移されるべきであった。こうして東部ロカルノ、バルカン・ロカルノ、地中海ロカルノの理念が生まれた。世界を包括する普遍的条約は国際領域における立法の理想となった。同様の精神において、今世紀最初の数十年間の平和主義者と国際法律家は、平和に至るもう一つの方法として新たな仲裁条約を歓迎し、特定の時点に有効な仲裁条約の数によって歴史のさまざまな時代の平和の機会を評価しようとした。ここでは国内における法廷手続きがモデルとして、その適用が一致して平和の領域を拡げるために国際領域にまで拡げられさえすればよかったモデルとして、役立った。

二人の個人が互いの権利を廻って喧嘩をした場合、法廷は割当てられるべき相互の責任あるいは刑罰を規定し、そうすることで国内の平和を維持するだろう。同じ手続きが国際領域でも同じ効力をもってほしいということは、その時代に広く保持されていた確信である。C・D・ブロードはこのアナロジーの浸透した影響についてこう指摘している。「環境による強圧の下で彼〔グラッドストーン的自由主義者〕は、その保守党の敵と極めて安直に手を結んでいる。その敵は特定国家に戦争の『責任』を押し付け、そのための『懲罰』を強要しようと熱心であり、こうした『責任』と『懲罰』の考えが、一共同社会内の市民に適合するが故に、諸共同社会の間にも適合するはずであると、単純に確信しているのである。[38]」

マックス・ラーナーの指摘するように[39]、「訴訟による社会統制への信念は」、ロスコー・パウンドを引用すれば、まぎれもなく「理想主義の饗宴であり、法によってもたらされるべき完全性への絶大なる信頼は」、現代精神をゆさぶったのである。法による平和（*La Paix par le droit*）[40]は、その時代の大いなる希望となった。それと共に国際紛争の歴史は、法律上の事件の連続として現われ、そこで唯一重要なことは、どちらが正しくどちらが誤っているかの判定である。

こうして六〇年代ドイツの自由主義者は、一八一五年の条約を廃棄した政治家を先ずナポレオン三世に見た。一九〇八年のオーストリア・ハンガリー帝国によるボスニアとヘルツェゴヴィナの併合は、イタリア外相ソニーノにとっては、主として三国同盟条約の法的解釈の問題であった。この条約はその構成国のいづれかが領土の現状を変革する前に、それら諸国の協議を規定していたのである。第一次世界大戦の間、ドイツは、連合国の眼には、主にベルギーの中立の侵犯者であり、また海戦規則の侵犯者であった。一九一九年から一九三九年にかけて、国際問題の大きな出来事が条約義務の適用と侵犯という法的偽装の下に出現した。一九三八年九月二六日、『ロンドン・タイムズ』はチェコスロヴァキアの危機について次のように書いた。「それは、ドイツの要求の明白な功罪についての判断に違いないし、またそうなるであろう。……ヒトラー氏が戦いなしに屈服されうるか、また彼の体制が戦争の緊張に直面できるかといった憶測に害されずにである。」二日後、同紙は誇りをもって言明した。「自由な西欧的伝統をもつ国々にとって、理性の道以外による解決は到底耐えられるものではない。」第二次世界大戦の終りは、英米流訴訟手続きの規則による戦争犯罪人の裁判において、本質的に政治的な問題に対するこの法律主義的アプローチの復活を目撃している。

法の支配は一種の魅力的な万能薬とみなされるようになった。ひとたびそれが適用されれば、その固有の合理性と正義により、国家の病をいやし、不安全と無秩序を秩序だった社会の実現可能性のあるものへと変革し、暴力と流血の場に社会紛争の平和的・理性的解決をもたらすだろう。法による支配はこのことを国内領域で達成してきたし、また法による支配は機会さえ与えられればそのことを国際領域でも達成するだろう。法による支配を国際問題に移し変えれば、「法の下の秩序」はそこでも至上のものとなろう。そこで如何にしてこの移行を効果あらしめるかが、解決されるべき唯一の問題である。説得、宣伝、教育、科学的証明、そして国際問題の民主化などこそが、政府と国民が国際関係を法の統合が優越する支配の下に導ける手段である。

今世紀転換期以来の平和主義者による国際法関連の文献と著作に馴染んでいる者なら、ここに分析されたような思考形態は、近代国際法の主な知的基盤を形成するのに単純化しすぎていないことを知っている。知的努力のいかなる領域でも、自由主義の国内経験の影響が、ここほど優勢だったところはなかった。国内の法的経験を国際法に適用することは、まさしく近代国際思想の交易の主要資本である。このことは、特殊な法律制度にとっても一般原理にとっても真実である。

　戦争が国際法によって廃絶できるということは、中世の教会による私闘禁止令、および近代法体系がもつ平和をもたらす効果を踏襲するものである。国際法による支配が国際関係を完全に規定でき、そうして国際関係を合理的かつ予測可能なものとなし、最後には国際政治自体を廃棄することは、十九世紀の「立憲国家」、および英米法体系が国内政治に及ぼす有害で窮屈な影響力により示されている。[41] 国際法の法令集成が国際問題において法による支配を普遍的に適用することを保証するであろうということは、国内における法典が同様の効力をもつことの結果である。独立国家が個々の主権を連邦に併合できることは、ドイツ、イタリア、スイス、そして合衆国の国内史から明らかである。法律による保護の網が国家の死活的利益を増進できることは、憲法上、法令上、契約上の手段が個人の福祉に及ぼす有益な影響力を指摘することで立証できる。さらに特殊には、同等者の間での契約は中産階級の世界での法的合理性と予測可能性の第一の表明であるため、条約体系（*system des traits*）は、永久の国際秩序を打ち立てるための主要な法的手段となる。

　国々の基本的権利は諸個人の基本的権利に照応する。そして国内における憲法が後者を成文化してきたように、権利の章典は前者を成文化しなければならない。国際的権利の章典は国内憲法がもつ伝統的保護に対して国際的保障を加えることで、個人の自由を強化するだろう。世界憲法の下に国々を組織することによって国際問題の恒久的解決のための骨格となりうることは、国内の立憲政府の成功によって立証されている。政治問題を国際会議や他の形態の組織的な論議で解決しようとする努力は、議会制度がもつ類似の機能によって期待されている。国際仲裁裁判および司法権への信頼は、国内の裁判所、ことに産業仲裁裁判所が紛争の解決や国内平和の維持のために演ずる役割に起源を発し、またその役割から支持を得ている。国際警察軍や国際制裁一般の理念は、国内社会での組織的強制と法の関係によって動かされている。

十九世紀法律万能主義の支配的影響力――ヴィクトリア時代の常態の反映であるが――は、その時代の「偉大な理念」の中ばかりでなく、特定の法制度の中にも、またその国際法の全てに浸透する精神の中にも現われている。次のような例が挙げられる。一、国家承認構成条件の理論――それによって新国家は自身の存在を他の諸国による承認自体に負っている、二、根本理念の点では、上述理論の対照をなす非承認の原理、つまり国際法の侵犯により達成された領土獲得の法的有効性に障害のあるものへの非承認の原理、三、外国の戦争に際し中立にとどまることの単なる宣言、そして「局外中立の原則」という一定の伝統的行動規則に従うこと自体で一国民を平和に保つに十分だとする確信、四、不干渉の原則と国内管轄権の原理――両者はいずれも、国際領域で国家の行動が法の支配によって限定されうる一種自然な領域が存在し、その領域は、個人の行動に関してではなく国家の行動に関してここで境界設定されるべきだとの理念に立脚している――、五、「解釈の規準」これは、国際条約の解釈に客観性と安定性を与えるとされているが、ローマ法が発展した諸規則から、また大陸の法典化がその適用の基礎をおいた諸規則の上に順応されている――、六、最後に一種の最高業績として、法的文書での戦争追放、全ての国家がそれに署名すること、そして戦争の脅威や実際の戦争に際してその文書を発動することが戦争を防ぐのに有効だとする提案などである。「現代の平和」の保障としてヒトラーの平和誓約が書かれた一片の紙切れをチェンバレンがうちふったことは、知の歴史におけるこの時代の悲劇的なシンボルである。この時代は、法的解決策の奇跡の力がその本来的性質によって悪を放逐し、そして人間の条件を改善することを信じていた。

法による支配が国際領域で実際に遂行し、また遂行可能な機能に対する自由主義的考えは、現実についての三重の誤解に基礎をおいている。それは、法と平和の間の一般的関係を誤解しており、法による支配が国際領域で遭遇する特殊な諸条件を看過しており、またあらゆる社会紛争――国内であれ国際であれ――が確立された法による支配の基盤の上で解決されると想定する。

人は意のままに法を制定できるということ、いかなる目的を追求するにせよ法という手段を通じて実現できるということ、そのことはベンサム、オースティンや他の多くの者に表明されているように、また現代マルクス主義者の実践によってさえ分有されているように自由主義的革新の法律学がもつ確固たる信念である。立法は、自由主義的「科学」の発見が社会的事実に移される技術となる。立法者は、科学と生活の間の裂け目に橋をかける法的仕掛けを設計する「法の技術者」となる。

経験はこの立法の理論を確証するかに思える。この理論を国内領域で実際に適用した歴史上の時点では、平和、秩序、そして進歩がかつてなかった規模で西欧世界を支配したからである。しかしこの歴史的な経験を普遍的な原理にまで高めた者は、実際には一致していたものを原因と結果の関係と誤解し、あるいはせいぜいが、実際には結果であったものを原因ととり違えたのである。彼らは、ヴィクトリア時代の平和、秩序、繁栄は法の支配の貫徹に由来しているが、その貫徹がどこで確立されようとも、必然的に同じ結末に導くだろうと確信した。実際、法廷の平和機能を可能にしたのは人間事象に行きわたっていた平和であり、その逆ではない。法の支配という秩序だった過程が社会行為に対し規範的方向を与えることができたのは、社会組織の中に秩序が存在したからであり、その逆ではない。立法が不可欠でないような状況において現状を改革しようとできたのは、現状の基本的局面に対する満足が存在していたからである。要するに、われわれが「法の下の秩序」と呼ぶものは、法が産み出すのではなく、秩序と法の両方を作る社会的諸力が産み出すのである。

したがって、現代の国際的無政府状態に代るものとしての「法の下の秩序」への叫びは、国際領域が秩序と平和を産み出す社会要因をすでに含んでいるとの想定の下でのみはじめて理にかなったものとなる。この想定の下では、国際状況に固有の秩序と平和は、法という手段が有効になるのをひたすら待つだけであろう。しかもこの叫びを挙げる者たちは、この想定が正しいかどうか疑問とすらしない。法の支配に本来備わる調整力を確信することで、彼らはそれ自体合理的で筋の通った国際法の体系から、国内法がおそらくヴィクトリア時代にもたらしたのと同じ有益な結果を期待する。自由主義時代の国際法の無効性は、合理性の試練に会い、しかも社会条件に関わりなく、いわば社会的真空の中で作用すると想定される法体系の無力さを明らかにする。戦争を非合法化したブリアン・ケロッグ協定、酒類の製造・販売・移送を禁じた米連邦憲法修正第十八条（禁酒法）は、それぞれの分野におけるこの種の法律上の思考の記念碑である。

しかし大多数の国内状況では、法の支配は、制定された目的に沿わなかったとしても、有効な運営規則としては維持された。ひとたび制定されれば、国内法の支配は、国内法体系が決定的力を引き出す法律遵守と法律執行の伝統的枠組みの中で実施されるからである。国際領域にはそうした枠組は存在しない。関係当事国がその遵守に際してもつ相互利益に支えられない法の支配は、常に不安定な力の均衡によってのみ有効な行動規則として維持される。紛争に際しては、忠誠心や集団連帯といった情動的な力が国内法に有利に、そして国際法を損うように作用する。さらに社会状況と調和しない国際法の支配は、無効な法の支配となるばかりでなく、擬制の法の支配ともなる。

しかもよしんば法の支配が国際場面で有効であろうと、その効果たるや国内場面での効果とは異なっている。法的判定は本来、個別の事件に関するものである。法的判定によって処理されるべき世の中の事件は、先行し、同伴し、随行する諸事実から不自然に分離され、法が「その実態に即して」解決する「事件」へと変えられる。国内領域でこの手続きは必ずしも有害ではない。ここでは行政的判定や法的判定は、おそらくは問題のあらゆる部門を考慮に入れつつ、永い裁判上の伝統の中に現われる「法の精神」を伴ない、個々の法的判定だけではもちえないまとまりをそれらに与えるからである。

しかし国際場面では、こうした調整要素や統合要素は存在しない。だからこそ、国際場面で社会的諸力は独特の直接性と自発性を伴なって互いに作用し、個別の事件の法的判定は特に不適当となる。国際法による裁定に際して現われる政治状況は、歴史的過去に根ざし、法的考慮の下の争点をはるかに超えて枝をはった常にはるかに大きな状況の中の特殊な一状態である。一九三九年に、国際連盟が国際法により、フィンランド侵攻故にロシアを放逐したことが正しかったことに疑問の余地はない。しかし、ロシアが世界に突きつけた軍事的・政治的問題は、フィンランド侵攻に始まるものでも、それに終わるものでもなかったことからすれば、問題がそうあることを申し立て、その前提の上で争点を裁定するのが賢明だったのではなかろうか。この疑問に対しては歴史自体がその解答を与えてきた。フィンランド支援のため英仏軍がスウェーデン領を通過することをスウェーデンが認めなかったからこそ、大英帝国とフランスはドイツやロシアと同時に戦争することを免れたからである。国際連盟が法律上の争点として現われる政治状況を扱う場合には、いつも国際法の適用規定によって孤立の事件としてのみ扱えたのであり、政治原理によって全面解決を要める全面政治状況の特定局面としてではない。したがって、政治的諸問題は決して解決されたのではなくただ弄ばれたにすぎず、結局は法律ゲームのルールによって棚上げされたのである。

国際連盟にとっての真実は、国際連合にとっても真実であることはすでに立証された。ギリシア、シリア、インドネシア、イラン、そしてスペインの状況にアプローチするに際して、安全保障理事会は国際連盟理事会によって打ち立てられた遵法主義の伝統にそのまま信をおいてきている。これらの事例は、議会手続きの訓練の機会を用意したが、決してこれらの状況が表面上の徴候である政治争点に直面しようとするものではなかった。前世紀七〇年代に大英帝国とロシアを離反させたと同様の紛争が、ベルリン会議によって同じ形で一八七八年に処理されたなら、ヨーロッパと世界に何がおこったかを考えるとぞっとする。

この種の紛争はすでに既成の法の支配のもとでは解決されえない。疑わしいのは、既成の法ではなく、その解釈であり、その適用だからである。紛争当事者たちは法がどうあったかについて一九三五年のエチオピア戦争、一九三八年のズデーテンラント侵攻、一九三九年のダンツィヒ、そして一九四六年のイラン侵攻に際して十分理解していた。彼らが知ろうとしたのは、法は変更されるべきかどうか、またどの程度変更されるべきかということであった。したがって、この種の紛争に際して問題となるのは、誰が正しく誰が誤っているかということではなく、一国家の特殊利益を平和と秩序のうちに普遍的利益に結びつけるには、何がなされるべきかということなのである。答えられるべき問題は法の何たるかではなく、それが如何にあるべきかであり、この問題は法律家によって答えられるものではなく、ただ政治家によってのみ答えられうるものである。そこでの選択は、合法行為と不法行為の間ではなく、政治的賢明さと政治的愚かさの間にある。エドマンド・バークは『アメリカとの融和についての演説』の中で次のように述べた。「私にとって問題となるのは、汝に汝の人民を悲惨たらしめる権利のありやなしやではなく、彼らをして幸福ならしむることは汝の利益ではないかどうかということである。問題は、法律家が私に語るところのものを私がなすことができるということではなく、人道、理性、正義が私に語るところのものを私がすべきであるということなのだ。」同じ著者は『ブリストルの保安官あての手紙』の中でこう述べた。「私の知るところ法律家は、私が争う相違を組み立てえない。彼らが動く厳格な規則があるからだ。しかし立法官は法律家ができないことをなすべきである。彼らが動く規則は、理性と公正という大原則、そして人類という普遍的意識以外に存在しないからだ。」

法と政治的知恵は同一側面にあるかもしれないし、ないかもしれない。もし同一側面上にないとするなら、法の条文を強要することは不適当であろうし、不道徳かもしれない。特定の法の支配によって守られた限定的利益の防衛は、全体としての法体系が仕えるべく想定されるより大きな善を損なうだろう。それ故、国家の場面で経済的・社会的あるいは憲法上の紛争という形で基本課題が解決を求めるとき、われわれは一般に判事の法律上の眼識に訴えることはせず、立法者の、そして行政長官の政治的知恵に訴える。ここでわれわれは、平和と秩序は保安官と警察を使った法の勝利に本来依拠するものでなく、真の国政が敵対する利害の衝突の中に見出し、そして押し付ける正義らしきものに依拠することを知る。もしわれわれが時として国内問題においてこの国政がもつ基本的真理を忘れるとするなら、われわれの失念に対する代価を社会不安、無法、内戦、そして革命で支払うことになる。

国際場面でわれわれは一九一四年以来、われわれの忘却の代価を支払い続けてきた。そして歴史の教訓を無視し続ける特権のために、われわれの持てる全てを代価とすることで解決してきたようだ。ここでのわれわれの最初の訴えは、常に法や法律家へのものであり、法や法律家が答えうる問題は国家の平和や戦争が左右される基本的争点の解決とはまるで無縁であるところから、われわれが最後に訴えたいことは常に一般に向けられるからである。「たとえ世界は亡ぶとも正義を行なわしめよ」(*Fiat Justitia, pereat mundus*) は衰退する遵法主義国政の標語となる。しかしわれわれの法万能主義に対するこの二者択一は、われわれがまだ選択しうる限り、あえて直面するものでない。従って、真の国政がもつ知的・道徳的挑戦に出会うことが不可能に思われる時代、あるいは時としてその政治的失敗に対する無慈悲な選択に直面することが不可能に思われる時代は、幻想の中に逃げ込むことになる。政治活動の基準としての国際法という幻想、自然に調和する世界という幻想、現代の自然科学自体がもはや受け入れない自然科学のモデルをまねた社会科学という幻想などである。この最後の幻想について、これから論じることとしよう。

第五章　自然科学という怪物

この時代の政治活動に代る科学的解決への信頼は、合理主義思想の三つの誤解にその淵源をもつ。三つの基本的側面で、合理主義思想はその対象の理解に失敗してきた。人間の本質、世界、特に社会的世界の本質、最後に、理性それ自体の本質の理解を誤ったのである。

理性と人間

今日では人間について合理主義的に考えること、人間生活の精神的・感情的側面を完全に無視しないまでも軽視することの誤りを指摘することは、むしろ自明になっている。心理学、社会学は、はるかに進んだ政治科学とともに、人類の宗教的・歴史的・哲学的記憶に支えられ、こうした考えをほとんど打ち破ってきた。しかしこれまで見てきたように、この考え方は現代人の思想と行動に及ぼすその力を失っていないのである。

人間は合理的存在であるという主張は合理主義哲学において二重の意味をもつ。一つの意味は、人間は理性を通じて自分自身と世界を理解できるということ、そして人間の無知は単に量的不足にすぎず、時がたてば完全に克服する少くとも生得の力を人はもつということだ。もう一つの意味は、人間は自己の理解に従って行動できるということ、言い換えれば、知識と行動との間には少くとも潜在的照応関係が存在するということ、そして行動がそれに対して要求されたものにまで到達しない場合、純粋にして単純な理性への呼びかけが合理的基準と行動との間の溝に架橋するであろうということである。

まず第一の意味を検討する——第二の意味については次章で論及する——と、この論議の基本の哲学が基本的な合理主義哲学と異なる点である。この論議の一つの哲学的前提は、人間が科学を通じて知るもの、宗教や哲学や芸術といった他の媒体を通じて知るであろうもの、そして全く知ることのないものとの間の差異は、質的性格のものであり、一つの領域を他の犠牲の上に量的に拡大することによっては完全には除去できないというものである。言い換えれば、如何に科学的知識を量的に拡大しようと芸術や宗教や哲学が答えようとする永遠の課題を解決することはできない。百年ばかりの間に、科学は時間と空間を、人間の隠された動機を、そしてこの宇宙の力自体を克服してきた。しかしながら、古代ギリシアやヘブライの人々が求めた疑問は今なおわれわれによって求められ、あらゆる科学の成果もわれわれを解答に一層近づけるどころか、まったく古代の疑問を何度も提出している。

まさしく人間は、リンゴが落ちる場合にはそれが地上に向かって落ちることを知っている。しかしリンゴが落ちるかどうか、いつ落ちるであろうかについて人間は知らない。人は、虫がリンゴを喰ったとき、リンゴが腐るであろうことを知っている。しかし一体いつ虫がリンゴを喰うのかについて彼は知らない。リンゴのなる木が枯れるであろうことを人は知っている。しかしいつどうしてそうなるか彼は知らない。生と死、必然と偶然、物質と意識、人間と自然といった問題は「科学の時代」によって解決されてきてはいないのである。その観点よりすれば、こうした問題そのものは科学による解決が不可能であるため、ただ子供や愚者によってのみ尋ねられるべきもっともらしいものである。科学主義は、科学の近づかない問題、知識の領域、そして洞察の方法などを思い浮かべることができない。ヘンリー・アダムズは『モン＝サン＝ミッシェルとシャルトル』の中で、「みつ蜂の群が単に避けるべき領域として海原を考えるように、経済文明は宇宙を考える」と述べている。[1]

しかし科学主義が合理的な問題として認めることさえしないこうした古い謎の中に、人間は自然と社会が彼につきつける死活的問題に気付くようになる。科学主義が想定するところによれば、人間にとって自然と社会の意味は、原因と結果という孤立した連鎖の中で消耗すること、言いかえればこれは自身の物理的・社会的環境について人間が知ろうとすることのすべてである。ベンサムはこの点で、他の点でと同様、自由主義哲学者の原型である。E・L・ウッドワードが指摘するごとく、「ベンサムは生活上の諸問題にではなく、生きることのメカニズムに関心をもっていた。彼の改革は一連の政治的工夫であった。」[2]

自然と社会に対する科学主義者のこうした考え方は、自然現象と社会現象の間の因果関係の発見に力を注ぐことによって、知識の辺境をとてつもなく拡大してきたし、また最近の世代からの希望を超えて生きることの荷を軽くしてきた。しかしながら、それも人生の重荷を軽くしてはこなかった。それは多くの孤立した物事の原因を発見してきた。しかし、それはこうした孤立した物事すべての意味深い関係を探求してくることさえなかったし、人間にとってのそうした目的や価値はもちろん、その本質を探究することもなかった。それは人に、自然の諸力の機械的な相互作用についての一層の知識とそれを支配する一層の力を与えることによって、人をより賢明かつ幸福にすることを、そしてそうすることであらゆる問題を解決することを約束してきた。しかし、単なる技術可能性の意味における生きることを別とすれば、生きることについての諸問題すら解決されてきていない。芸術・宗教・そして形而上学は、合理主義の視点からすればたとえそれが検証不能で人を惑わすものであろうと、人生の諸問題に解答を与えるよう努力してきた。さらにそれらは、「科学の時代」が何ものも見ないところに少なくとも諸問題を見た。芸術、宗教、そして形而上学が与えることができた解答に対する人間精神の信頼を打ち破ることにより、そして失望せざるをえないが、合理主義があらゆる疑問に対するあらゆる解答をもっているという希望を提出することによって、合理主義は人をより劣ったものとし、人生の重荷をより負いがたいものとしてきた。

「科学の時代」が科学の法則を超えて物事を称賛するのは、欺瞞にすぎない。「自由意志」や「自由」、人間の「選択」、その「良き星」、彼の「幸運」、「危険」、そして「運命」などを論ずる場合、その哲学が想定しない領域を認めることになる。ことに個人的あるいは社会的危機の絶望の中で、占星術、予言、奇跡の信仰、神秘主義、政治的宗教、セクト主義、あらゆる種類の迷信、そしてあらゆる卑俗な慰みの類の芸術、宗教、形而上学の堕落した派生物を取り込むことで、「科学の時代」の一般人はその力の限界を証明するのである。

理性と社会

科学主義は、非生命界の技術的制圧で人間を豊かにしてきたが、宇宙やそこにおける人間存在の謎への解答の探求は貧弱なままである。科学主義は社会的存在としての人間、同胞と共生する人間については更に悪を行ってきた。社会生活の技術支配の探求は、自然への人間の支配に比べ、科学主義の解答に困ることが分からなかった。自然と社会生活の理性の下での基本的同一性は、それらの支配に同一の方法を示唆したからである。理性は因果関係の形で最も分かりやすく自然の中に現われるところから、自然は社会のモデルとなり、自然科学は社会科学が何時の日か到達すべきイメージとなった。唯一の真理、科学という真理が存在し、それを知ることで人間は全てを知るであろう。しかしながらこれは人を惑わす解答であった。その一般的容認は、社会に対する人間の支配を促進したというよりは遅らせた知的運動や政治技術を伝えたのである。

自然と社会とのアナロジーは、実際的支配と理論的構造に関する二つの理由で誤っている。一つに、人間の行動は自然と社会を同じ程度の技術的完全さで形作ることは不可能である。また一つに、理性の模範としての自然の概念そのもの——自然と社会とのアナロジーはそれに由来する

――が、現代科学思想自体によって無効とされていること、そしてそれがなお幽霊の如き存在を率いるのはただ合理主義の哲学と科学においてのみであるからだ。

科学の従事者によって見られた自然は、人間行動が完全に支配してきている多くの独立した事実からなる。われわれは水が華氏二一二度で沸騰すること、また水をこの温度にすることで意のままに沸騰させられることを知っている。われわれは人体がある種の薬剤にある種の形で反応することを知っている。こうした薬剤を一定量・一定配合において、ある条件の下で投与すれば、われわれはこうした反応をかなりの程度まで支配できる。自然に対するあらゆる実際的な知識は、またそれに対するあらゆる支配は、本質的にこれと同種のものである。

科学主義は同種の知識や支配が社会にとっても正しいと確信し、また社会科学は単純にこのモデルを模倣する。「一因の法則」は自然科学の方法の忠実なコピーにすぎない。しかしそれを社会に適用する結果は、自然科学がその根拠を経験においてよりはむしろ抽象性のうちに見出した際に、自然科学の進展をはばんだものに似ている。したがって、ウィリアム・グラハム・サムナーが次のように述べたことは正しい。「社会科学は未だ、化学なら人々が賢者の石や、万能薬を信じていた時の薬や、不老の泉や不老不死の霊薬を信じていた時の生理学の段階にある。[3]」社会的領域では自然科学の論理的整合性は如何なる適当な対象も見出すことなく、またそこには人が特定の効果を自由に生み出せるような創造による一因は存在しないからである。社会的領域における如何なる一因といえども無数の異なる結果を伴ないうるし、また同一の結果が無数の異なる原因に由来しうる。この特定の原因からどのような結果がもたらされるかをいかなる程度の確実性をもっても予見することは不可能であり、どの特定原因がこの結果を産み出したかを振り返ってみてもいかなる程度の確実性をもって述べることも可能ではない。

われわれは水が華氏二一二度で沸騰することを知っている。水をこの温度にすればいつでもそれは沸騰したからだ。水の温度をこの点まで上げることで、われわれは何度でも同じ結果を反復できる。その原因を現実化することで自在に同一結果を反復できるということは、自然科学の経験的性格を構成する。社会的領域には同様の可能性の余地はない。われわれはある一群の人々を、過去にこの人々にある様式の行動を行なうようにしたある種の宣伝、あるいはある様式の法令に従わせるかもしれない。この時同種の反応を創出することに成功するか否かは、われわれがそれに対しただ遠隔操作をもつかもしくはもたない膨大な数の事情による。まず第一に、その原因、宣伝とか法令は、それ自体が社会的相互作用の産物である――つまり、多数の個人的活動や反応の混合物であり、それら自体がそれについてわれわれが何の知識ももたず、またそれに対する操作方法ももたない多数の個人的行為や反応の諸原因に従う。たとえば、二つの実質上同一の原因が、結果によって以外には見ることも測ることもできない力学的な力の違いのために、様々な社会的結果を生み出すかもしれない。エマーソンが『政治』の中で述べたときその心にあったのは、この社会的行為の予測不可能性である。「人間は道徳的もしくは超自然的力の有機体であるので、人の影響力に限界を設けることは不可能である。市民的自由とか宗教的感情といった多様性の精神を保持する理念が支配する下では、人の力はもはや計算通りにならない。全員一致して自由、もしくは征服に向いた人々からなる国民は、たやすく国家主義者の計算に困惑させられ、彼らの手段に釣合わずに途方もないことを成しとげることができる。ギリシア人、サラセン人、スイス人、アメリカ人、そしてフランス人がなしたようにである。」それ故、社会的な原因自体は不確定要素であり、その要素は自分と同一のものを決して再生産できないし、またその結果にぴったり妥当する質をもって再生産することもできない。

ウィリアム・グラハム・サムナーは、社会的因果関係のこうした複雑な性質を、はっきり認識していた。「巨大な、複雑な、そして扱いにくい社会組織はあらゆる種類の現象を広範囲に配列しており、その多くはそれら相互の関係において道理に合わず矛盾している。こうした現象の分析とその解明は、われわれがいくつかのいわゆる『倫理的』原理で行おうとするなら全く簡単なことである。だがもしわれわれがなそうとしていることについての何らかのしかるべき構想をもってそれにアプローチしようとするのであれば、それがかつて人類に与えられた最も困難な精神作業であることがわかる。[4]」ホームズ判事はフレデリック・ポロック卿にこう書いた。「しかし私は法の善悪についてのわれわれの知識に疑問があるので、大衆が望む以外の実際的批判を私はもちません。[5]」

さらに、社会的原因がその影響を及ぼす対象は、等しく社会現象であり、個々の行為と反応の複合物であり、いかなる場合も計算された行動による予知や決定が不可能な綿密な性質のものである。ある集団の人々は、その集団に支配的な物理的もしくは心理的条件に従って、同一原因に対し同一のあるいは異なる仕方で反応するかもしれない。また、それと同一の条件に従って、異なる原因に対し同一の仕方で反応するかもしれない。人は自分自身の将来の反応についてほとんど無知であるのに、どうして自分の同胞の反応により多く知ることができようか。公平な観察は、人間が自分自身について知らないことを告げるだろう。しかし人は永遠に、人の隠れた意識だけが自身に語り得ることに気付かぬままであろう。

自然科学が静止した物体に作用する独立した諸原因を扱うとすれば、社会科学は原因と結果の限りなき連鎖を取り扱う。いずれもが反応の結果であることから、他の反応の結果の原因であり、と際限がない。さらに、そうした連鎖の環は、他の多くの連鎖の接点であり交点であり、相互に支持もしくは妨害している。この複雑な光景の場面こそ、われわれが「社会」と呼ぶものなのである。

この世界の本質を考えれば、未来を計画しようという社会科学の努力がそれ以上満足すべき結果を生まなかったことに不思議はない。社会科学は社会現象を分類することは可能である。それらはまた、社会行動と社会制度の一定の一貫性を発見することも可能である。これらの一貫性は一定の社会発展段階の特性であり、また社会的相互作用の最低レベルの社会的諸原因についての一定の配列の下で生ずるようだ。その最低レベルは、飢餓、恐怖、繁殖、そして自己保存の始源的表明において最も物理的本質に密着している。社会科学は、かなりの可能性をもって他のものでない一つの結果を生み出す諸原因を切り離すことに一様に成功してきた。しかし、ここにおいてさえ、社会科学がそうした「社会法則」を公式化することが可能であるのは、ただ、これら諸原因が同じ孤立状態——その中で「社会法則」が諸原因を働かせている——の中に実際には生ずるであろうとの前提の下においてのみである。これらの諸原因が社会的因果関係の交錯や錯綜で織り混っているところでは——それらが全く高度に発展した社会におけるように——社会科学のなしうることは、せいぜいそれらの一定の課題、つまり一連の仮定的可能性を提示することである。そのいずれの可能性も一定の条件の下で生じるかもしれない。それに対しどの可能性が実際に生じるかはまったく当て推量であろう。

サムナーは次のように言う。「社会科学において最も学ぶに難きことは、社会組織内でのあらゆる行為に反作用が付随しているということ、そしてこの反作用はその組織をはるかに超え、一見したところあまりに離れているので全く影響されえなかったような組織に影響を与え、また機能を変更しつつ拡大するかもしれないということである。社会組織におけるあらゆるものが他のあらゆるものに取って代ることは、同一事実についてのさらに単純な表現である。したがって、もしわれわれがその組織の作用を、一連の現象にわれわれの注意のすべてを注ぐことで妨げようとするなら、またこれらの現象を予想してわれわれの政策を規定しようとするなら、われわれが悪影響を及ぼすことになるのは全く確実である。▼6」

社会科学と自然科学との差異はこの点において明白である。自然科学が疑問とするのは一定の原因が生じるかどうかということに関してである。だが自然科学はかなりの程度の確実性をもって、一定の原因に一定の結果がきまって結びつくだろうことを予言する。社会科学はこれに対し、ひとたびある原因が生じた場合、原因のみならずその結果の発生も疑問とするのである。

理性と自然

それとは反対にそれらの論証可能な経験にもかかわらず、社会科学は引続き、高度の確実性をもった社会的諸原因の結果の予見、それに伴う社会活動の計画、そして計画どおりに社会的変化を招来すること、などの能力を主張する。この主張に固執することは、偶像化されモデルとして模倣された自然界の考え方——合理的諸法則によってあまねく支配されそのため完全に合理的測定が可能なものとして描かれている——によっている。現代は物質世界についてのこうした構図を、十九世紀の自然科学に見出した。十九世紀の自然科学は順次、ガリレオ、デカルト、そしてニュートンの自然界に関する考えをその論理的完成に導びいた。

この考えが見るように、自然界は、重力の法則にしたがって時間・空間で作用し、因果関係の法則にしたがって継続的に発展をとげる事物により構成される。この合理的、予測可能な世界についていえば、今日残されているものは僅かである。事物は電子に分解されており、時間・空間についての伝統的考え方、そして重力の法則は、相対性理論に打ち負かされており、量子論は因果関係を統計上の可能性に変換し、決定論を不確定性原理に置き換えてきている。科学主義哲学が、その影響の下に十九世紀政治思想と社会科学が自己の対抗の対象と主張するものは、すでに昔に生命を失った幽霊なのである。それはまさに一種の科学の民間伝承であり、その権威は伝統から、また実際の安全と共に知的安全の切望から受けるのであり、その主張の固有の真実性によってではない。[7] 現代科学思想は永らくそのことを見捨ててきた。現代の自然科学の歴史は、われわれの裸の感覚で把えられた自然と科学理論により構成された自然との間の、ますます拡大しつつある亀裂によって特徴づけられている。

　この過程は地球が太陽のまわりを回っているというコペルニクスの仮説から始まった。それは、重力の法則が、人は足を大地につけ、頭を宇宙に向けているということを人に認めさせたときに発展した。現代科学は数学の公式の助けにより、外的世界についてわれわれの生の感覚がわれわれに告げるところのすべてと矛盾し、またわれわれの知覚上の経験の言葉で表現されることさえない象徴的世界を構築することによって、この過程を完成させてきた。A・S・エディントンは言う。「何か知られざるものが、われわれの知らないことを、つまりわれわれの理論と等しいことを行なっている。」

　ステファン・リーコックは現代科学のこの精神を「絶対確実なこと」の葬式についての解説でみごとに表現している。「その主題について何も知らぬ人々は、あるいはまさしく私ほどには知らぬ人々は、科学と哲学と神学が今日一堂に会していると人に告げるであろう。ある意味ではそれら三者はそうである。ただこの主張は、上述のように、まさしく『統計的な』ものである。それらはちょうど、三人の人物が映画館で一緒になったように、あるいは、三人の人物がたまたま同じビルのアパートに入っているように、あるいは真に適切な比喩を使えば、三人の人物が葬式で一緒になったように、一堂に会している。それは絶対確実なことの葬式である。埋葬が終ると、三者は共に顔を背ける。

『理解できない』と神学は敬虔につぶやく。

『それはどういうこと？』と科学が訪ねる。

『理解できない――この言葉を私はよく連禱の中で使うのだ』

『ああそうだった』、『理解できない』科学はほとんど同じ敬虔さでつぶやく。

『理解力の理解可能性』と哲学は彼の前方をまっすぐ見すえて言い始める。

『可哀そうな奴だ』、『彼はまた迷っている。家へつれ帰ってやる方がいい』と神学が言う。

『僕は彼がどこに住んでいるのかほとんど知らない』と科学は言う。

『僕についてこい、僕らは共に科学を超える存在なのだから』と神学が言う。」


　しかしながら、科学主義者の哲学、現代政治哲学、そして社会諸科学は、この葬式に参列していない。実のところそれらは、葬式が開催されていることに気付いていない。それらにとって確実なことは、物質的・社会的いずれの世界においても、まだ十分生きているのである。今や次のことが言われるだろう――そしてまさにこれまで述べられてきた――、現代理論科学の諸発見は▼10外的世界に対するわれわれの実際上の関係に影響を及ぼしていないということが。自然科学者が物質の本質について何を言おうと、外的世界の物事に対するわれわれの現実の態度は、自然についてのわれわれの知覚上の経験によって決定されている。われわれの自然に対する支配が基礎を置いたのは、少なくとも最近まではそうした上においてであり、そしてこの時代が社会の中で自然科学がもつ計算可能性と予測可能性に匹敵するものを手に入れようとする際に言及するのは、理論物理学にとっての自然に対応してではなく、われわれの日常経験にとってのこの自然に対してである。しかも理論的科学は、自然に対するわれわれの実際上の態度を無効にすることなく、この態度の性格について三つの主張を行なう。これらの主張は、現代の哲学と科学の信頼が依拠する自然界と社会の間のアナロジーに、直接の関係をもつものである。

現代の科学理論は、とりわけ、われわれの自然に対する日常的な経験がもつ複雑な性格を表わしている。その性格はわれわれの科学技術上の成果がもつ明白な単純性と計算可能性とに矛盾する。再度エディントンを引用すると、「自然界をただ知りうるものから組立てること――われわれの巨視的理論の指導原理――が今だ可能かどうかが疑問となっている。もし可能となるなら、それは今日の基盤の大変動を伴なうことになる。むしろ、われわれは、知りうるものと知りえざるものとの混合を安んじて受け入れねばならぬようだ。このことは決定論の否定を意味する。予言に必要なデータは過去の知られざるものの諸要素を含むであろうからである。次のように述べたのはハイゼンベルクだったと思う。『過去についての完全な知識から未来を予測しうるかどうかという問題は生じない。過去についての完全な知識とは自己矛盾を意味するからである。』物理学者は今日、自分の外的世界について、数年前支配的であったもの以上にはるかに正確で実際的であるが、神秘的としか言えないような仕方で眺めている。数年前には技術者がモデルを作りえぬものに真実なものはないと考えられていた」[11]。

J・W・N・サリバンは言う。「今日、科学的世界は思想の歴史においてかつてあった以上に神秘的である。自然過程に対するわれわれの知識がかつてのいかなる時にも勝っていようと、この知識は、ある点ではそれほど満足できるものではない。あらゆる場面でわれわれは曖昧さと矛盾に直面しているからである。[12]」ホワイトヘッドは次のように警告する。「科学の目的は複雑な事実についての最も単純な説明を求めることだ。われわれは、単純さがわれわれの目標であるが故に事実が単純であるという誤った考えにおち入りがちである。あらゆる自然哲学者の生活における指導理念は、単純さを求めかつそれを疑え、ということであるべきだ。[13]」

第二に現代の科学理論は、科学は個々の出来事それ自体を確実性をもって測定できないことを示している。ジェームズ・ジーンズ卿は、そこで現代の科学理論が作用する二種類の不確実性を次のように明確に述べている。「われわれは未来を予言しえない。われわれは完全確実に現在を知りえないからである。……われわれは未来を予言しえない。自然それ自体が何がおころうとしているのか知らないからである。[14]」ある程度の確実さなら、個別的にではなく、類似する出来事の大規模な群の構成要素としてとりあげられた出来事についてのみ可能である。それ故、われわれの日常の自然に対する経験に確実さが存在する場合、この確実さは絶対的な質をもつのではなく、ひたすら統計的な質をもつ。言いかえると、この確実性は数多くの類似する対象の平均にとっては正しくとも、個々の対象それ自体にとっては正しいものではない。古典物理学の確実性は概して非常に高度の可能性に置き換えられるのである。

エディントンは自然科学自体の内部におけるこうした矛盾を次のように説明する。「人間の生命は広く知られる如く不確かである。生命保険会社の支払能力以上に確実なものはわずかしかない。平均値は、信じるに値いするので、今生まれた子供たちの半数は x 歳まで生き延びると予定されていると考えられるだろう。しかしそのことは、若きA・マクビーの寿命がすでに運命の書に記されているかどうか、バスの前に走りでないよう彼に教えることで運命を変える時があるかどうかについてわれわれに語るものではない。一九九九年の日食は生命保険会社の収支と同じくらい間違いない。また一原子の次の量子飛躍はわれわれの生命の如く不確実である。……量子物理学者は、古典物理学者がしたように、その原子に未来の行動を方向づける工夫をこらしたりしない。彼はそれを未来の行動の可能性を決定する装置で満たすのである。彼が学ぶのは賭け屋の技術であり、調教師《トレーナー》の技術ではない。」▼15

社会科学の確実性

最後に、驚くべきことは、エディントンがここで自然界の構造として説明するものが社会にその確かな対象を見出していることである。いわゆる「社会法」のなしうる最善のことは、まさしくいわゆる「自然法」のなしうる最善のことである。すなわちある傾向を指摘し、こうした傾向の一つが将来実現しそうな条件を述べることだ。可能な条件のいずれが実際に起こり、そこで一定の傾向の実現に資するかは、自然科学も社会科学も予言することができない。また両者は高度の蓋然性をもってしか、一定の条件の存在の下で一定の傾向が実現することを予測できない。また科学は非科学的仮説の中で自身を見失うことなくして先に進めない。社会科学者は、現代のアメリカ社会は一つは民主主義の保持への、一つはファシズムへの、また一つはプロレタリア独裁への傾向を示していると見るかもしれない。彼はある心理的・経済的・政治的条件の下では、一、

二、あるいは三の傾向のどれが最も優勢となりそうであるかを指摘できよう。同種の理由づけにより、ある別の条件が与えられれば、こうした心理的・経済的・政治的条件のいくつかは、他のもの――それらはその実現にとって他の諸条件を要求するが――とは対照的に最も生じる可能性があることをさらに言えるだろう。

その一方で、多くの政治記者や政治科学者たちは、社会科学者がしたこと以上になしうることを、そして社会の出来事を高度の確実さをもって実際に予言できるように思われることを主張する。事実、彼らもその公衆も二つの幻想のうちの一つの犠牲者なのだ。一定の状況における多数の傾向は限定されたもの――戦争や選挙での勝利あるいは敗北といったもの、また政策における成功や失敗といったもの――でしかないため、多少とも制限された様式で少数の可能な傾向を継続的なコラムや集会や本や演説の中で予言する「予言者」は、少くとも一度は正しかったに違いないし、あるいは論議中の傾向の一つは実現するはずだからある程度は常に正しいに違いない。さらに多くの著述は、政治的予言の生みの母たる歴史的必然という考え方を伝えるが、実際には出来事の後の予言である。彼らは、フランスが一九四〇年に、誰にも明白であったその社会的・政治的構造の趨勢故に陥落するはずであったと立証する。しかし、誰もこの出来事の前に、こうした傾向が人々の眼には全く等しかった他の傾向の代りに実現したことを予言しえなかった。起こったものは起こるはずのものであったというわべの立証は、事後にこの為に（*post hoc propter hoc*）、を論ずるものであり、いかなる科学的価値ももたない。しかしそれは、別のところでと同様にここでも達成できない計画と予言の確実性を社会問題に求める現代精神の傾向を強調している。

この擬似科学的方法は、社会学のある学派がそれに値しないのに今も要求する正確さと客観性の評判にとくに責任がある。社会学は、ある社会現象がある社会原因によるものであることを「証明」しており、そのことは十分に正しい。そして社会学はさらに、それにより一定の社会原因が一定の社会結果を常にもちだす「社会法」の存在を「証明する」が、これは全く正しくない。ある現象からある社会的な原因への後退は逆行できない。「社会法」に基づいた予言の形で科学的に述べられるものは、ある条件下で、ある社会傾向が他のものより実現しそうだということ——言いかえれば、その勝算は他を凌駕する一つの傾向の選択にある——にすぎない。

こうして、現代精神が自然科学を、その確実性に対し政治学や社会思想が熱望するはずのモデルへと持ち揚げるとき、現代精神は、自然科学が指示できる実際上の成功を考慮するとしても、自然科学自体が要求しうるもの以上を、それらに要求するのである。社会科学は自然科学の水準にまで高める必要はない。それらの法則がもつ論理構造に関する限り、それらはすでにその水準にある。しかしこの水準とは、絶対的確実性や予測可能性といった神話的水準ではなく、統計的な平均値や確率論の水準である。

自然科学と社会科学に可能な確実性の種類の間にわれわれがすることのできるいかなる区別も、それ故に単に量的なものとならざるをえない。個々の出来事それ自体に関しては自然科学はいかなる確実な言明も全くなしえないこと、そしてそれらの達成できる確実性は同様の出来事の集団がもつ平均値を扱うものでしかないことをわれわれはすでに見てきた。同じことが社会領域においても真実であることをわれわれは分かっている。しかし、社会科学は自然科学よりはるかに個別行動自体に関心がある。しかも諸集団の平均的行動が考慮されている場合でさえ、出来事の原因は個別行動それ自体に大きく依存する。一般に、例えば化学者は、ある金属――類似の物質の大集団に属する個別の物質――がある酸――これも類似の物質の大集団に属する個別の物質――に反応する仕方だけに関心をもつ。これらの物質がもつ個々の質に関心をもつことは普通は全くない。まさにこの理由から、専門科学は現代科学理論の発見を大きく無視してこれたのであり、また日常経験の前提から出発することで、こうした発見が存在しなかったかのように始めることができたのである。

合衆国の政治発展を予見しようとする政治科学者は、民主主義、ファシズム、コミュニズムといった考えられる傾向がもつ相対的な力、それらの実現――それは個別の行動や個々の出来事自体に大きく依存しているが――のための条件がもつ相対的な力を理解せざるをえなかった。いやしくも知的予測をするためには、誰が合衆国の大統領になるか、誰が議会の、最高裁判所の、軍隊の、産業界の、そして労働界などの最も有力なメンバーとなるか、そして、その時の問題に対する彼らの個人としての反応がどうあるか、などを彼は知る必要があろう。これらの問題は、個々の原子自体の行動についての問題のように単なる理論的性質のものではない。いかなる程度の確実性をもってしてもこれに答えられないことは、自然科学を模倣しようと目論む政治学がもつ実際上の弱さの限界である。個別性自体を当然のように強調することは、自然科学から社会科学を区別するものであるが、不確定性の領域を測りがたく拡大する。自然科学が苦労する不確定性の同一要素は、さらに一層社会科学に影響する。その量的広がりのために、それはここでは理論構造ばかりか実際的有効性にも影響するのである。

自然と社会の統合

現代科学思想は、十九世紀が自然について描いてきた図面を修正するばかりではない。それは同時に社会の本質に新たな光を投げかけている。現代が自然と同様と考えたところの単なる類似物をもってしては、社会は理解されえないことを示しているからである。エディントンの言葉によれば次の如くである。「精神活動の決定論を主張する人々は、精神それ自体についての彼らの研究成果としてそうするにちがいない。また彼らがそれによって非有機物の法則についてのわれわれの経験的知識でその成果をより満足させると考えずに、そうするはずである。[16]」「この観点からわれわれは物質世界と並べて精神世界を認識する。経験——環境を伴った自我——は、計量記号の複合体に限定されるが、物質世界に包まれた以上のものを含んでいる。物質世界は、見てきたように、経験の測量図に生じた一つの明確な、緊急問題への解答である。そして他のいかなる問題も同じ明確さや精巧さで追求されてきていない。われわれの本質の非知覚的構成要素を理解することへの展開は、同じ方向を追求しそうもないし、まったく同じ目的に励まされてもいない。もしこの違いが大きすぎて精神世界なる語句が迷わせる類似物と感じられるのなら、私はこの言葉に拘泥するつもりはない。私が主張したい全ては、真理の探究において材料面に限定されない関心と責任の自覚の場としての意識から出発する者は、分光器や距離計の目盛りを読みとる装置としての意識から出発する者とちょうど同じように、経験という厳しい事実に直面するということである。[17]」

自然界を写し出し、その中でまたそれに関して人間活動を規定するものが人間精神であるところから、精神の特性もまたわれわれが自然についてもつイメージを反映するにちがいない。こうして自然界は、われわれがそれを知りうるように、二重の意味で人間精神の痕跡を示す。すなわち、それは二重の意味でその産物なのである。われわれはそれをわれわれの認識能力の限界内でのみ知ることができる。われわれの精神の構造が自然界の構造に照応する限りでのみそれを知るのである。他方、精神と自然との間の関係は、たとえ人間精神がただ知覚の目的でのみ自然に直面する場合にも、全く認識的というわけではない。人間精神は自然の過程に介入することなしに、それ故に自然を侵害することなしにそうすることができない。ジェームズ・ジーンズ卿は次のように言う。「われわれは、十九世紀の科学がまるで探検家が飛行機から砂浜を探索するように自然を探索するのを見た。不確定性原理は、自然がこうした超然とした方法で探索されえないことを明らかにする。われわれはただ自然を踏み歩き、そして自然を侵害することによってはじめてそれを探索できるのである。しかも自然についてのわれわれの視界には、われわれ自身が蹴立てたほこりの雲が含まれる。われわれは違ったほこりの雲を立てるかもしれないが、不確定性原理は、われわれの視界を妨げる何かしらの雲を立ち昇らせることなく砂漠を横切る方法は存在しないことを示している。起伏図はわれわれがこうしたほこりの雲を通して見る自然を曇らせるのであり、そのため……ほこりの雲を立ち昇らせる方法が存在するだけ起伏図が存在する。[18]」人間の知識の客体としての自然は、それ故、ともかく人間活動の産物なのである。

この創造的影響力は、干渉や妨害が認識目的の単なる副産物ではなく、明確な意図を持った活動自体の目標である場合に、最も強力である。自然が人間活動に従属しているところから、実際にそれを創造するのは人間の精神であり、その創造物は創造者の質を証明するはずである。言いかえれば、われわれの意識に反映されたものとして、われわれの精神と自然との相関関係が存在する。エディントンは言う。「宇宙の完全な決定論は、精神の決定論と分離することができない。例えば来年のこの時点での天気予報をとりあげてみよう。こうした予報がかつて現実となったことがないのに、『正統な』自然科学者はそれが理論的に不可能とはいまだに考えていない。彼らは来年の天気がすでに予定されていると考えるのである。われわれは現状についての極めて詳細な知識を要求するべきである。僅かばかりの場所の偏差がいずれ拡大する影響を及ぼしうるからである。われわれは、太陽がわれわれに送ってくる熱の変動と微粒子の放射を予測するために、太陽の状態を調査しなければならない。われわれは、数年前カトマイ山がそうであったように大気中にほこりのスクリーンをくり広げるだろう火山爆発を予報するために、地球の内部に没入しなければならない。しかしさらに、われわれは人間精神の奥底に突入しなければならない。炭坑ストや大戦争が直接に大気の条件を変えるかもしれない。無為に捨てられた火のついたマッチが山火事をひきおこすかもしれず、それが雨量や気候を変化させるだろう。決定論が精神自体を支配するのでなければ非有機的な諸現象の十分に決定的な支配は存在しえない。逆に、われわれが

精神を解放しようと望むなら、われわれはある程度自然も解放しなければならないのである。」▼19

人間の精神は社会に対して同一の創造的機能も果たす。社会科学者はそれ自体として、行動したり反応したりする動作の主体として社会的因果関係の流れの中に立っている。彼が見るもの、そして彼が見ないものは、こうした流れの中での彼の立位置により決定されている。また彼の科学により彼の見るものを表すことによって、彼は直接社会過程に介在するのだ。ギャラップ氏は、選挙の結果を予想することによって、理論的分析のもつ機能を超え、選挙結果を決定する社会過程に介入する積極的な行為者となる。カール・マルクスは、階級闘争とプロレタリア革命の不可避性を科学的に論ずることで、彼の科学的論議の説得力を通じ、現代社会における階級闘争とプロレタリア革命を実際に不可避とする傾向を増強する。

彼の科学的努力が頂点に達する公式化の中でこうした仮説の可能性に直面するときに、社会科学者は公平な観察者にとどまることなく、社会的条件の産物であると共にその想像者として積極的に介入する。こうした状況の最も啓発的な分析が偉大なる物理学者、マックス・プランクのペンに由来することは、自然科学と社会科学の統合にとって主要な意味をもつ。「個人の意志が因果法則から自由であるということのおそらくは最も印象的な証明は、もしその試みがあらかじめその主体自身の動機や行動を因果法則の唯一の基盤の上に規定するようになされるなら、厳しい自己反省の方法によって、見出されよう。そうした試みはあらかじめ失敗するべく運命づけられている。何故ならば、個人の意志への因果法則のあらゆる適用と、この方法で得られたあらゆる情報はそれ自体、意志に働きかける動因であり、そのため予測されている結果が常に変えられているからである。それ故、主体の活動を全く因果関係の線上で予測することの不可能性を――それは個人の知性が適当に増大すれば超克されるであろう――知識の欠如のせいにすることは完全な誤りであろう。そうした推論は、電子の位置と速度を正確に同時に想定することの不可能性を、われわれの測定方法の不十分さのせいにしようとする過程に照応する。全く因果関係の線上で実体の行動を予言することの不可能性は、知識のいかなる欠如によるものでもなく、その適用によってその対象が本質的に変えられるいかなる方法もこの対象の研究にとって適切でありえない、という単純な事実によるものである。[20]」

一方の人間精神の特質と、他方のわれわれが知るままの自然・社会の特質との間に、必然的な相関関係が存在するところから、人間行動の非合理性は自然と社会、そしてそれらに対するわれわれの知識の中に反映されずにはおかない。そこで、自然と社会との間の合理主義的類推――わが「政治の科学」それ自体の頼みの綱――がその最後の反駁を見出すのは、まさに人間精神のこの特質の中においてである。ケプラーやニュートン、グロチウスやアベ・ド・サン＝ピエール、そして彼らと共に「理性の時代」は、人間精神の合理性に照応した自然の合理性を、そしてまたその逆をも確信していた。十九・二〇世紀は、自然の合理性が、それ自身の世界、社会の中での人間精神によって獲得されると信じた。必要とされたのは、自然科学の合理的方法を社会に移植し、そうすることで計画的自然に酷似した計画的社会を創出する意識的な努力であった。

しかし、この信念がニュートンやデカルトの機械的物理学の中で絶えず更新されてきた確証を基礎づけ、見出したのと同様に、相対性理論や量子論といった新たな物理学は、こうした信念の修正のための完全な部門となっている。新しい物理学は、一方の人間精神と、いま一方の自然・社会との間に密接な照応が存在することを明らかに示している。現代科学思想は、近代が空しく渇望した自然と社会の統合を復権している。しかし、精神、自然、そして社会が共にする共通要素は、もはや純然たる理性ではなく、非理性によってとり囲まれ、分散され、基礎づけられた理性、つまり暗い嵐の海のただ中に不安定に置かれた小島なのである。

社会計画の問題

もしそうしたものが社会科学の本質であるならば、それらが予測においてもつ絶対的な確実性の欠如は、社会計画の問題に重要な意味をもたざるをえない。一つの計画は、ある程度は立案者の行動によって創造され、ある程度は立案者の社会経験によって説明された、原因と結果を予想する知的計画である。したがって、予想された結果の実現は、彼によって創られたのではない他の諸原因の干渉を予見する彼の社会経験の信頼度と同様、立案者が原因に対して及ぼしうる統制に依存する。

社会計画の問題を明確化するために、われわれは二つの極端な例、一つは計画の相対的可能性、いま一つは計画の相対的不可能性について分析しておこう。

私が明日の午後映画に行く計画をすると想定しよう。この行動計画の予想される実現は、二種類の仮説に基づいている。第一は、私は町に行くことができ、それを望んでいること、キップを買うお金をもっていること、キップがまだ残っていること、その映画館が開いていること、映画がその劇場で上映されていること、といったものである。第二は、明日私は町へ行き、キップを買い、映画館に入る、といったものである。この計画が要めることを実現するには、一つに私の側における一定の行動の実行であり、他方では私の行動と望まれた結果のいずれをも可能にする一定の条件が存在することである。これら諸要素のどの一つでも欠けた場合には、このまさに単純で平凡な計画の遂行も失敗するだろう。私は病気になるかもしれない。重要な訪問や仕事上の義務が私の気持を変えるかもしれない。私は道をまちがえるかもしれない。映画館のある通りは封鎖されているかもしれない。私はお金を忘れるかもしれないし失くすかもしれない。キップは全部売り切れてしまうかもしれない。映画館は閉っているかもしれない。私が到着した時間にはやっていないかもしれない。そういった具合である。しかし、通常の条件下ではこの計画実現の機会は極めて高いであろう。

それでは違う形で極端な例を分析してみよう。そしてわれわれ自身を来年の軍事行動を計画する将軍の立場に置いてみよう。ここで再び、この計画の実現は二種類の仮説に依存する。第一は、その軍事指導者は一定の行動を行なうであろうこと、すなわちその計画遂行に必要な命令を出すであろうこと、第二は、彼自身の行動とは独立に、彼の実行と望まれる結果の実現の双方が依存する諸条件が存在すること、例えば、対立陣営における軍事力や装備の量や質の予想された均衡、その計画の着想と実行との間の軍事状況の予想された展開、与えられた命令の忠実な実行、地勢的・気候的諸条件、などといったものの存在である。こうした要因のいくつかは、計画立案者に制御されたものでは全くなく、他のものも大きな限定の中でのみ制御されるにすぎない。こうしたもののいずれもが、かなりの程度の確実性をもって少しも予見されえない。またこうしたもののいずれが存在しなくともその計画の成功は妨げられよう。軍事訓練は、個人それぞれの自発的な活動や反応――それは、われわれが見てきたように社会的因果関係の予測不能性の主要因の一つであるが――を排除しようと試みる。他方、軍事訓練は、一般に自然科学のみが主張できる予見におけるある程度の確実性を認めることができるように、個人的活動や反応それ自体を統計上の平均値にしようとする。

歴史は、こうした要因のあるものもしくは他のものの不在が、軍事計画を破綻させた事例に富んでいる。命令は誤って伝えられるかも、誤解されるかも、また伝えられないかもしれない。一九二〇年ワルシャワ戦に際してのロシア軍の場合のようにである。敵が相手の予想に反してあることをしないかもしれないし、また逆の場合もある。そのことはゲチスバーグにおける南軍の敗北がよく説明している。一九四四年、連合軍がノルマンディに上陸した後、ドイツ将軍フォン・クルーゲは自軍の降伏のために連合軍代表と会見するべく手はずをととのえた。偶然にも、約束の時間の直前に、連合軍の代表が行く道が連合軍の飛行機に爆撃されるという事態が生じたために約束の刻限に遅れ、連合軍代表はドイツの将軍と会えず、そのドイツ軍の降伏は成立しなかった。軍事装備におけると同様に、捕虜、負傷者、死者における双方の損失は予想を超えるかもしれないし、下まわるかもしれない。そうした損失が軍隊および市民に与える影響は、あらゆる戦闘や戦争において重要な、しかも予測しえない要因である。自然災害が、一五八八年にスペインの無敵艦隊をけ散らした嵐の場合のように、戦闘を決することもあろう。現代では、工業生産、技術発展、あるいは輸送の速度や信頼性における予想しえない僅かな差異が勝敗を決するかもしれない。戦争計画に内在するこれら諸要素の全くの不確実性を認識すればこそ、われわれは戦争を「ギャンブル」と呼び、戦争について「幸運」や「女神」のことを語るのである。ある海軍戦略家は前の戦争中に次のようにのべたそうだ。「われわれはある点まで計画できる。われわれは自分たちが頼るある理論をもっている。残るのは神の要素である。これは全く予測できないものなのだ。」

それでは、なぜ、いったい政府や参謀本部は戦争を計画するのか。戦争の実行にとって成功の機会が極めて僅かであるので、行動の指標計画に依存することは良いというより害にならないのだろうか。この疑問は、われわれが合理主義的設計図の役目を軍事計画に求めるのであれば、肯定されなければならない。そして戦争計画に関して真実であることは、あらゆる種類の社会計画にとっても少ない程度であれ真実である。社会計画家が「われわれはそうした方法で計画した」と述べることで正当化されることは、たとえあったとしても極めて稀である。彼らの計画遂行の結果出てくる善なるものは、一般に彼らが予想していた善ではないし、彼らの計画から生じる悪なるものは、それが予想されたものでも、全く予想されなかったものでもない。その意図が純粋でその計画が理解できるものであればあるほど、期待されたものと実際の結果とのギャップは拡大するだろう。これはそうあらざるをえない。「計画が練られれば練られるほど」つまり抽象的・論理的にその計画の筋道が通っていればいるほど、社会生活の偶発事とのその不調和はますます大きくなるだろうからだ。

　歴史はこの分析を確証する事例に富んでいる。意図されたものと違う結果をもたらした計画によって世界の歴史を書くことは十分にできよう。英米法制史において最も重要な出来事の一つである、ヘンリー八世治下一五三五年に制定された「使用権法」をとりあげてみよう。それは英語圏の不動産の法律をほぼ四百年にわたって支配してきた。ヘンリー八世は「使用権法」に四つの恒久的な効果をもたせることを意図した。国家歳入の回復、使用権譲渡手続公開性の回復、土地商標の廃止、そして消極使用の抑制である。こうした全ての効果は、一世紀を超えること五年かそこらのうちに消滅してしまった。他方、この法律は、使用権譲渡法を改革したり――これは一九二五年に無効とされた――、不動産関係の全法律を未だ現れていなかった混乱に引き込むという効果を意図するものではなかった。ハロルド・グレヴィル・ハンブリーはそこでこの法律の計画された効果と実際の効果との関係をこう約言している。「一連の効果は瞬間的・一時的なもので、それは立案者が恒久的で長続きするべく意図したものであった。これとは反対に、他の効果は恒久的で長続きするものとなったのであり、それは立案者がついぞそうなるとは意図しなかったもの、あるいはおそらく彼が決して心にとめなかったものである。」[22]

　しかしながら、社会計画についてのこの批評は、合理主義哲学に由来するようであるが、社会計画そのものについての決定的な言葉ではない。社会の現実がもつ偶然的な性質は、社会生活の一側面のみを包含する。社会生活は偶然的なものであるが、それ以上のものなのだ。その偶然性は単にカオスばかりでなく、互いに一定の調和を追求し、一定の秩序に従うものでもある。同時代の観察者に単なる偶然と見えるものは――「白痴の話すことは、音と怒りに満ちていようと、何も意味しない」――今考えると、たとえ必然性によってではないにしても少くともある客観的法則に支配された、意味ある過程として現れる。

歴史の科学という理念そのものがそもそも理解されるのは、この最後の仮説の下だけである。もし社会生活が全く偶然で不規則であったなら、歴史上の過去に意味や秩序を与えられるのは宗教や哲学だけであろう。これはまさに、歴史上存在するどのような意味や秩序も、その歴史家自身の心の反映にすぎないことを発見した者の意見である。しかも同時代の観察者にとってさえ、現在そして未来がもつ偶然性は一定数の典型的な様式をもっている。歴史的状況は常に、発現するかもしれない一定の潜在性を含むにすぎない。例えば一九三二年のドイツの状況は、本質的に三つのそうした発生の芽を含んでいた。議会制民主主義、軍事独裁、そしてナチズムである。これら三つの可能性のうちのいずれが究極的に実現したであろうかはその状況がもつ偶然的な諸要素に依存し、そのため予見されえなかった。しかし、これら三つの可能性のうちの一つが出現することは避けられなかった。こうした一般的諸傾向の各々の内で、もっと特殊な性質をもつ一定数の可能な様式は再び識別可能であった。例えば、ナチズムの潜在力が実現するであろうとの仮説の下に、三つの可能な発展の中の一つを予想することはできた。保守的軍国主義、社会革命、全体主義政党独裁である。特定化のより低い段階で、同様に未来の諸発展の限られた様式が出現する。こうして人は、例えば国家社会主義の外交・経済・労働あるいは宗教政策における一定数の可能な傾向を歴史発展のあらゆる状態で見出すであろう。同じ分析方法は、歴史を一定数の潜在的諸傾向の視点から把握するものであるが、どんな歴史時点のどんな他の政治的・社会的問題にも適合する。例えば、一八一二年におけるナポレオンの軍事政策、一九一九年におけるダニューブ流域の政治問題、一九四六年におけるインドの体制上・軍事上の諸問題、訴訟の成行、あるいははるかな未来における世界平和のための政治的・軍事的・経済的問題などにである。

結局のところ、社会的世界の全未来は分析者にとっては、順次完全に数において厳しく限定されていく多数の選択肢のおびただしい体系の高度に複雑な配合として現われる。非合理性、不安定性、そして偶然性などの諸要因は、多元的な選択肢の膨大な数の体系により増殖されたいくつかの可能性の間から選ぶ必然性に存在する。合理性、秩序、規則性の諸要因は、多元的な選択肢の各々の体系内部からの一定数の可能な選択にある。合理主義的・設計図的地図に導びかれて見れば、社会的世界はまさしく偶然性の混沌とした状態である。しかしマクベス的シニシズムの予想をもって接近すれば、それは、ある程度の合理性を欠くものではない。

社会計画にその意味と正当性を附与するのは、社会に固有な、この合理性の尺度に他ならない。この合理性は、そのいずれか一つが実現するはずの一定数の潜在的諸傾向の中にあるところから、正しく理解された社会計画は、これら潜在的諸傾向についての合理的予想における人間的・物質的諸力を整理することである。社会計画が個人的行動や反応といったものを制御するか無視するかし、また代わりに統計的一般標準をもって運営することができればできるほど、一層成功するだろう。それ故、軍事計画は、その成功が立案者自身の十分訓練された軍隊の行動や反応に依存すればするほど、一層成功するものとなろう。国内領域における経済計画の成功は、その計画の遂行が多数の人々の典型的な行動や対応に依存する程度に左右されよう。そうした行動や反応は、高度の統計的可能性によって予見することが可能である。国際的な計画は、少くとも民主制においては、外国人――例えば政治家・外交官・行政官・その他――の個人的行動や対応といったものだけでなく、立案者自身のグループの同様な地位にある者をも考慮にいれなければならない。そのため、国際的な計画は、軍事計画すら通常依存しうるある程度の確実性を欠いている。

このように理解された社会計画は、社会生活の全問題にとって正しい一つの解決策ではなく、一連の択一的・仮説上の様式――そのいずれかが特定の社会問題の近しい解決のための合理的基盤を提供するだろう――を準備することができる。男の子か女の子のどちらかの出産を願う妊婦の計画は極めて単純なものであり、この種の社会計画の古風な例である。「あらゆる不測の事態」に対する参謀本部の準備は、一定数の潜在性に対応する同じ種類の択一的な計画に言及する。計画が成功してきたところでは常に、この様式に従ってきた。まさしくこの理由から、軍事戦略は社会計画の正統性が疑いのない一領域なのである。同じ理由によって、社会計画は、その現実分析に際して「一因の法則」に従い、その生産的努力に際して合理主義哲学の普遍的設計図に従うことで自然科学を模倣した場合には常に失敗してきたのである。

第六章　科学的人間の非合理性

われわれは前章で、現代科学への信頼が合理主義哲学の三つの誤解に基づいていることを示してきた。人間の本性に対する誤解、世界ことに社会の本質に対する誤解、さらに理性それ自体の本質に対する誤解である。われわれは今や理性の、一方では人間の非合理的能力に対する、他方では社会に対する実際の関係を問うことにしよう。

合理主義の理性は人と事物の上にゆるぎない王座を占める女神である。女神は今日、時間・空間に関わりなく常に自己同一である。女神は人々の唯一の指針である。他の動機づける力が認められた場合にも常にその上にたち、栄光ある孤立の中で、最後の勝利の保障と共に決定する。かくして思想と行動における人間の全仕事は、合理的諸仮説の論理的可能性を究めつくすことに縮められる。

理性の非合理的決断

われわれは、こうした事態が、現代学問の認識論、心理学、社会学に明かされた現実の似姿に堪えないことを知っている。しかし現代の知的発展が起きるはるか昔、この合理主義的迷信に抗して孤りの声が上げられた。アリストテレスは『ニコマコス倫理学』の中で「しかし知識自体は何ものも動かさない」と述べた際、かなり多くの人々と同様にこの現代の問題をすでに予想していた。合理主義がその哲学的勝利を獲得しつつあった時、ヒュームは次のように言うことができた。「理性は情熱の奴隷であり、また単にそうであるべきだ。情熱に仕え、従う以外のどんな役割も望みえない。」この考えからヒュームはこう結論した。「それ故、論理的であることは、いずれかの論者が自分の教義を引き出す源泉ではない。感情にふれないいかなる論理も、より強固な原理を含ませられると期待することは空しい。」ウィリアム・ジェームズは同一の思想を消極的方法で提示した。「君がそれを一つの局面、一つの瞬間においてのみとらえるとすれば、理性とは自然の諸力のうち最もか弱いものの一つである。……われわれが行動する場合に理性に訴えることになると、ある種の絶望的な状況に身をおくことになる。それは、たちまちにしてその存在を洗い流そうとする貪欲な海の真只中にある小さな砂丘のようなものだ。」

理性は、それ自体がもつ本来の推進力に従うどころか、非合理的諸力によって、その目標へ、理性がめざす目的へと駆り立てられている。われわれが、「自然科学者の純粋理性」を語る場合にも、人間行動を規定する非合理的諸力とかけ離れた理性を意味するのではなく、その目的に対する認識上の関係がその非合理的規定に影響を受けない理性だけを意味する。理性の支配するところでは、こうした支配の拡大のために非合理的諸力が押し出される。人間の出来事全般への理性の支配領域の拡張を強く求め、理性自体の内なる力によってこの目標に到達することを期待するのは、この時代の最も無益な、しかも最も目立った社会的実践である。チャールズ・A・ビアードは『社会科学の本質』の中でこう書いている。「非合理性が経験的合理性に制圧されるべきなら、そのときそれは、望ましいことの考え方に基づいてなされた選択の、目的と意志との結果として現われる。客観的データの公平な観察から現われるのではない。」

理性は光のようにそれ自体の内的力によってはどこへも動くことができない。それが動くためには動かされなければならない。それは、利害と感情という非合理的な力により、抽象的理性の内的論理が要求するところとは関係なく、こうした諸力が動かしたいところへ動かされる。純然と理性を信頼することは、理性が服するより強い非合理的諸力に余地を残すことである。理性の勝利といっても、実のところ、理性的過程を自己を満足させるために利用することに成功した非合理的諸力の勝利なのである。

こうした利害や感情的性向は、哲学者たちがわれわれの推理の範疇をア・プリオリと考えたがるのと同じ意味でア・プリオリなのではおそらくない。しかしそれらは、われわれが社会的領域に適用する理性の諸過程に関してア・プリオリなものである。言いかえると、これら利害や感情は、われわれが社会的領域で推理力を使いはじめるときすでに規定されている。そしてこの規定の枠内でのみ、われわれはともかくこれらの力を行使できるのだ。われわれが、自身の内部で支配を争う利害と感情の間の抗争を判定する理性の内的経験をしているかに見えるとしても、実のところは、理性の法廷の前で自身を正当化するためにわれわれの理性化能力を直ちに捉えるより強力な利害と感情の勝利を経験しているのである。というのも、たとえ人間は、理性によって動かされるのと同様に、利害によって支配され、感情的動因に駆り立てられていようと、明らかに人間的資質たる、主としてこの理性の光の中に自己の姿を見ることを好むからである。それ故、人間はその非合理な資質に理性の印を付ける。われわれが「イデオロギー」と呼ぶものは、こうした合理化の過程の結果である。シェリーは『詩の擁護』の中で声高く言う。「人々が互いに憎み、さげすみ、厳しく監視し、欺き、従属させあうのは、素晴らしい教義が不足しているからではない。」

そうしたことは、社会における理性の通常の機能であり、人間の行動を支配する理性と非合理的諸力間の通常の関係の結果である。しかしながら、われわれは経験から、二つの極端な状況、つまりこの通常の関係が逆転し、そしてそれゆえ理性が異なる社会的機能を果たす状況に直面する。

通常理性は、目標への道を示すことで、非合理な動機の侍女として機能するが、利害や感情といった非合理な動機は、理性に導かれることを拒絶し、おそらく自ら望む道を自身のために選ぶほど強くなった。通常理性は、非合理な動機によって選ばれた目的の手段として機能するが、後者は熱情的盲目の中で理性の勧告をはねつけ、自身の満足に向けて目的も手段も決定するであろう。こうして熱情が理性の支配をはねのけ、人間が優れて非合理的存在となるとき、人間はなお理性の命令と熱情の命じる手順の間の単なる一致によって目標に到達するかもしれないし、あるいは失敗し、その失敗のため自滅するかもしれない。ギリシアの怪獣《ヒュブリス》（傲慢）やシェークスピアの悲劇、アレクサンダー、ナポレオンそしてヒトラーにおける節制の欠如、こうしたものが以上の激しく例外的な状況の事例である。

ここにおいて利害と感情は理性を凌駕しているものの、その極端な例は理性が非合理的動機の領域に浸透していることを示している。理性との一致、そのため理性の実現は、利害および感情の主な関心となりうる。非合理な諸動機は、手段の点ばかりでなく目的の点でも理性の指導に従がうだろう。非合理的領域はかくして理性の単なる付属物、つまり理性をその適切な目標に向ける原動力となろう。ハムレットのような人間や、象牙の塔内の芸術家や学者の中に、このタイプの人間はその歴史的な具現化が見られる。しかしこの具現化は、熱情に支配された環境の中で生じるのであり、全く合理化された諸動機に支配されたところにではないため、このタイプの人間は、ハムレットのように、彼がそれら自身の基盤の上で非合理的諸力に出会う場合には失敗せざるをえないか、さもなくば象牙の塔の孤立の中に自分の不安定な存在を保持するか、のいずれかでしかない。どちらの場合にも、社会における出来事の経過を規定するのは、けっして人間の意志ではない。

合理主義と自由主義は、それらの知的本質そのものと、生活の非合理的現実に対応する固有の能力の欠如ということから、その後者の形態に所属する。自由主義的政策の合理主義的盲目性に絶望しつつ、一八四八年の敗北した自由主義革命について、意義深い題名『ドイツはハムレットであり、ハムレットはドイツである』によって憂鬱な意見を書いたのは、ドイツの著述家ハインリッヒ・ベルネであった。くまなく理性に支配された人と世界を考える彼は、人生の意義を非合理的諸力との抗争にのみ消耗させてしまっている人と同様に、失敗せざるをえない。サムエル・バトラーが指摘するように「本能によって修正されない理性は、理性によって修正されない本能と等しく有害である」。

社会における理性の役割

しかしながら、理性は、人間の利害と感情という非合理的傾向に対して、四つの側面で恒久的な抑制を行なう。ここにおいて、自然科学のさまざまな発見、より一般的には蓄積された合理的経験の遺産は、個人の生存、発展、そして社会目的に役立っている。理性は人間活動にとって四重の調和機能を果たす。それはいくつかの抗争しあう非合理的動機の間に調和を生み出すことに貢献する。それは目的および手段を非合理的動因と調和させる。それはいくつかの抗争しあう目的の間に調和をもたらす。それは手段と目的を調和させる。

いくつかの両立しえない非合理的諸動機が行動への支配をめぐって競うならば、理性は個人の生存、発展、そして社会的に認められた利益などに最も都合のよいものを支援しよう。非合理的衝動がいろいろな目的の間である選択をするならば、実際の選択は通常は理性によって制御される。すなわち、すでに選択された他の目標と両立し、技術的に実現可能な範囲にあり、同時に現実化の過程でも最終目標としても最高の満足が約束される目的が、選択されるだろう。選ばれた目的をめざす道が何本もあるように見える場合には、理性は通常、その目的に到達するに最もたやすく、同時に最高の満足を約束する道を選択するだろう。言いかえれば、非合理的動機に駆りたてられた場合にも、理性は、非合理的衝動の利害の領域に横たわる一群の潜在的諸目的の間からその目的を選ぶことだろう。理性はさらに、それによってその目的が達成されるべき方法を、その非合理的衝動にとってすべて等しく受け入れられる一群の潜在的技法から選ぶだろう。

しかしここにおいても、合理的選択の限界は注目されなければならない。理性の視点からすれば、実際に選ばれたものよりはるかに魅惑的な目的や技法が存在するかもしれない。非合理的決断は可能な選択肢の中にそれらの目的や技法を入れていないため、そうした環境の下ではそれらは理性に近づくことはむずかしい。

こうして数多くある例の一つを分析すれば、アルミニウムの生産と配布、その商業化、経済的・社会的使用は、文化的・個人的選択という非合理的制約の中で抽象的理性の法則に従うであろう。アルミニウムを生産し、使用しようとする利益と感情的衝動は、こうした点において理性と同じく万人に一致するところだからである。しかしながらこの事態は、「誰がアルミニウムを生産するべきか」という問いに答えるにいたる時、完全に変化する。それは一私企業であろうか。いくつかの私企業であろうか。私企業と公企業の双方であろうか。一公企業によってであろうか。あるいはおそらくはいかなる企業でもなく、所有者であるとともに経営者である独立の企業家であろうか。ここで抽象的理性が不足していることが分かる。「誰がアルミニウムを生産するべきか」という問いに、満足な考えを求める利害あるいは感情によってさまざまな判断がそれ自体可能だからである。ある者はその質問を、最良かつ最も安価なアルミニウムを生産しうる者がそれを生産するべきだという意味に解し、そこでわずかな抽象的推論の手順により、与えられた仮説の視点から妥当な結論に到達するだろう。しかしある者は、最大量のアルミニウムを、質や代価に関わりなく生産できる者であればそれを生産するべきとの仮説から出発するかもしれないし、われわれの質問に対する答えもそれに応じて異なるだろう。ある者はさらに、現存の水力を利用できるアルミニウム生産者だけが仕事にとどまるべきことを求めることになり、われわれの質問への答えはさらに分かれるだろう。他の者はその質問を、私企業対公企業、資本主義対社会主義、法人所有対個人所有、独占対競争、私益対公益などといった観点からに限定しよう。そしてどの個別の場合にも、同様の推理力の使用は、異なる答えを生み出すだろう。理性は、「誰がアルミニウムを生産するべきか」という質問に唯一の答えをもつものではない。それはいろいろな目的をめぐって抗争する諸利害と諸感情と同じだけの提出するべき答えをもつ。

われわれの質問は類型的なものにすぎず、社会問題の一例として複雑すぎるというより単純すぎることは容易に理解できるところである。そのため、われわれがこの質問と理性の間の関係について分かったことは、社会問題一般に適用される理性にとって真実であるということだ。合理主義の抽象的理性とそれによって解決されるべき社会問題の間には、合理主義——それは自然のモデルによって社会を了解する——が見ようとしない相違が存在する。合理主義は、社会がわれわれに科学的解決をできなくするかに見える問題をつきつけるのは、われわれが自然の問題に適用しようと望む理性と同一の尺度を適用しないからだ、との仮説から出発する。自然においては、全くの論理的演繹は合理的仮説から直接に、また無条件に実質的な結論に到達するようだ。同じ重力の法則は、時間・空間やその対象個々の特性に関わりなく適用される。すなわち、それを知ることで、出来事の進路を予想し、合理的活動を通じてそれに影響を与えるに必要な全てを知るのである。

理性と自然との間のこのおそらくは疑問の余地のない関係は、実際には理性と自然の本質的な特性によるものではなく、ある歴史的・社会的条件によるものである。歴史および科学の社会学は、理性によるこのおそらくは自動的な自然支配が、いかに実際には、中世の形而上学や宗教の崩壊に続いた感情的激変により、そして新しい経済的・社会的利益によって刺激されたかを、示してきた。理性はその自然への支配をそれ自体の固有の法則によって拡大することができたのである。そのことは一つには、科学的真理に立脚したこれらの感情的諸力が形而上学および宗教という絶好の場の楽園喪失の代りとなったからであり、また他方では、こうした経済的・社会的利益は人間による自然支配によってのみ満足されるにすぎないからだ。言いかえると、自然に対する「純粋」理性の勝利は、歴史上の一時的な出来事にすぎぬものであり、理性の前進的拡張過程における必然的一段階といったものではなかったのである。

さらに、自然法の普遍性は、普遍的に保持されている利害と感情がこうした法則の発見と適用に理性を駆り立てている理由からのみ、またその限りで認められる。航空機の製造の基礎となる物理法則の発見への関心は、特定の時間・空間に固有な社会状況とは無縁である。しかし強力な利害関心と感情が宇宙の運動法則を普遍的に承認することをときとして防げてきたし、いまだに進化の法則の普遍的承認を防げている。大集団をなす人々の合理的能力を支配する非合理的諸力は、相対性の法則、免疫や他の医薬法の基礎となる法則の承認に反対してきた。ある集団の人々に理性と思われるものが、ここでは他の者によって非理性として批判されるのである。

われわれの文明においては理性についてのこうした非合理的な規定は、周辺の集団や科学的努力の限られた領域内でのみ作用するが、自然科学の領域では例外的なものとして現われる。その作用は終始、それ自体として認められるものではなく、概して認識に対する非合理的衝動は、ここでは、時間・空間とは無縁に、すべての人々によって共有された利害と感情によって動機づけられている。しかし、社会領域においては、抽象的な理性の法則は、それらが参照する特定の状況の個人的データによって補われるのでなければ、常に無意味なものとなる。社会的に有用な理性は社会的に規定された理性である。社会科学は一定の前提の下でのみ科学的であり、その普遍的な受容は想定するものであって決して達成するものではない。

自然科学においては、こうした前提を一般的に受容することは想定ではなく、少くとも非常に広い範囲の中では、事実である。それらの将来の目標が何であろうと、自然における真理を探究しようとする人々は、彼らの研究対象に対して、同一の真接的動機や関心、前提や方法をもってアプローチするからである。ガンの原因を研究するに当って、人々はおそらく好奇心や野心、人道主義、人口増加、優生学、経済学といったいろいろな将来の目標によって動かされるであろう。

しかし、こうした動機や目的は、身近な医療問題と人々の関係、その問題の本質についての彼らの前提、使用される方法、また達成される結果などに影響を及ぼすものではない。

社会科学においては、社会的条件は、ただ単に将来の目標を決定するだけではなく、調査の対象、その対象との研究者の関係、彼の前提、彼の使用する方法、そして彼の直接的目的などをも規定する。あらゆる社会における一定の社会関係は、すべてが研究されうるのではなく、あるいはただ、生命、自由、財産、そして幸福追求を危うくする危険が存在する場合においてのみ研究されるのである。ロシアにおけるマルクス主義、アメリカ合衆国の特定地域の人種的不平等、資本主義社会における利潤追求の動機や自由企業などのような、それによって社会が存在する基本的な哲学的前提は、そうした社会構成員による批判的な分析を一般に受けることはない。

あらゆる社会で一定の成果は、科学的研究の到達範囲を越えており、せいぜい重大な危険を冒してのみ到達できる。ソ連の経済学者の誰一人として、資本主義が共産主義に勝っているとの結論に公然と到達しないだろう。同様にいかなるアメリカの経済学者も、その逆の結論を主張しそうにない。ソ連の政治学者が、資本主義は戦争を、社会主義は平和を意味するとの所見を科学的に真理とみなすのに対して、他の国々の政治学者は、共産主義の世界革命の理論と実践を念頭において、以上の見解を共有しないだろう。一夫一婦制社会に住む社会科学者は、一夫多妻制が理想的な婚姻制度であるとは教えない。また、現代文明のような科学文明に生きる社会科学者は、科学に内在するジレンマよりむしろ科学の確実性を強調する。

科学的な調査の結果について真理であることはまた、一定の研究方法に関しても正しい。現代文明において、経験的方法は宗教や性関係に適用することができない。精神分析および個人行動や集団行動に対する唯物論的解釈は、優れた研究方法ではない。調査から排除された対象、結果、また方法は、それぞれの社会で異なるものであり、しかも、あらゆる社会はこの点について社会科学を制約するのである。

ある特定の社会におけるすべての社会科学者は等しくそうした制約を免がれられない。しかも、いかなる社会科学者も、自分の研究に際して、宗教的・政治的・社会的・経済的集団における自分の地位によっても拘束される。そうしたことが今度は、特定のタブーを分析的調査から、また調査に伴なうタブー破壊の危険から防ぐことになろう。特定の集団が問題にされるはずのない一定の「真理」に与えた評価は、それでもその「真理」に疑問があると主張する研究者のリスクの程度を規定する。州権の衰退は州立大学の一員によってはほとんど証明されないだろうし、あるいは、バターに対するマーガリンの優位性は農業専門学校の一員によっては立証されないだろう。日曜学校は宗教の社会的・経済的意味を議論の適当な話題とみなさないだろうし、また、共産主義者も今だに、マルクス主義が科学というよりむしろ新しい宗教であるとは進んで公言することはない。

他方、あらゆる社会およびある社会内のあらゆる特定集団は、社会科学における研究の一定の対象、方法、また結果に関する優位体系を発達させている。社会的是認や物質的利得という報酬はある調査を刺激しようし、そうした報酬がなかったり、あっても比較的小さなものであれば、それ以上の調査を思い止まらせるだろう。科学的調査のこうした社会的裁定は、より少ない程度で自然科学にも見られるが、社会科学での裁定は、承認される社会的有用性の程度に応じて生じる刺激と支障によって制約される。概して社会的裁定は、調査の科学的特性についての見解に影響を及ぼさない。しかしながら、こうした結論は社会科学に共通のものである。特定集団あるいは社会の評価において低位にある社会的研究は、臨機応変に、「宣伝」、「形而上学」、「資料収集」、「理論」、「イデオロギー」、「記述」、「無益な」、「職業上の」などとして分類されよう。また、その科学的価値はこうして否定され、あるいは少なくとも縮小されるだろう。

そうした社会的諸力はそれらの影響力を社会科学者の精神に及ぼす。それ故、社会の研究対象、研究方法、研究結果の社会的裁定が現実のものとなるのは、まさに社会科学者の「個人差」にある。社会科学者の精神は、特定の集団や社会全般から出てくるあらゆる圧力の集合場所であり、そうした圧力に対する彼自身の反応は、彼の科学的調査の対象、方法、また結果を限定することになろう。その反応は、社会科学者のはっきりした個性を形成したあらゆる生物学的・心理学的要因の副産物である。それらの要因は、社会科学者が選択するものではなく、また全く彼が作るものではない。それらは、遺伝的な影響力と社会的な経験との結果である。社会科学者はそういった影響力や経験を自ら選択できないがために、彼は自分の社会的利益や感情的態度を選択できないのだ。それらの私益や感情は実際には変化するかもしれない。しかしながら、ここに再びその変化というものは、彼の意識的選択の産物ではなく、まして合理的選択の結果ではなくて、社会的存在としての人間を変容させる新しい社会的経験の産物なのである。

社会科学者が受けやすいこれらの社会的圧力の非合理性は、自身の社会的性格の非合理性との抗争に陥いるようになる。この抗争から自身の社会科学らしきものに関する決定が下される。この決定こそが、真理を社会的圧力の犠牲に供するか、あるいはすべての真理を探究し、社会に伝えることで現実的利益を危険にさらすか、という二つの極端な選択肢の間の道徳的選択として科学者の良心の中に現われる。大多数の社会科学者は、社会と科学的良心とを同時に満足させようとするだろう。彼らは、社会が安全なものとして設定した科学的努力の限度内に留まるだろう。また、彼らの知的勇気やその欠如は、彼がこれらの限度を研究し尽くし、また「自分の責任において停止、あるいは進行せよ」という道標で進行するかどうか、あるいは、彼らがそれらの限度に接近することを恐れ、社会的制約がいっそう要求したがる以上に狭義に調査範囲を想像するかどうか、に応じて計られるだろう。とにかく社会科学の真理は、あらゆる真理以下のものであろう。社会科学の真理が全体の真理の中のどれほどのものであり、またどの部分になるかは、その真理を承認する学者の知的能力によってではなく、彼が知り得るものを進んで知ろうとしたり、また彼が知っていることを快よく告げようとしたりする、彼の道徳的自発性によって左右されよう。

科学的精神に直面する究極的決定は本質的に、知性的なものではなく道徳的なものである。ベンジャミン・ファリントンによれば、「科学の結論について断固たる公的勝利者である者は、最も広くかつ最も高尚な意味において政治家なのである」。学者が自分の研究対象、方法、また結果を選択する際にどの程度社会的圧力に屈するかを決定する場合には、彼は道徳的な決定を下す。彼が「安全な」対象、手段、また結果――彼はそれらを重要であり、それ故に科学的注目に値するとみなすが――の中から選択する場合、彼は再び科学的調査の限界を越える道徳的基準を適用するのである。学者の偉大さは、真理と虚偽とを区別する彼の能力だけによるのではない。彼の偉大さは結局、知り得るすべての真理の中から知らねばならぬ真理を選択する、彼の能力と決断力に現われる。虚偽から真理を識別することしかできない学者は、彼が知っている場合でさえ間違いを犯す。彼はどの知識が必要とされているのか、またどの知識が必要とされていないのかを知らないからである。こうした区別をすることによって、あるいはその区別をすることに失敗して、学者は暗に、自分を導びく道徳的基準を明らかにしたり、あるいはそれらがないことを暴露してしまう。道徳的に決定される科学的知識の体系は、知ることが重要であり、また自我を方向づけることが必要となる世界の事態を提供する。このように構想される科学的知識は、それがその存在自体を負っている道徳的評価を伴なうのである。しかしながら、この道徳的決定もまた、社会科学者の個人的特性から生じ、そしてその非合理的性質を共有しているために、科学的精神の合理性やその普遍性を主張することはここでもまた別の制限を受けざるをえなくなる。

そのため、社会科学が自然科学から借りる普遍性という前提条件は、前者の科学的特性を強化しないばかりか、この特性を損じる傾向もある。この前提が科学的特性を強化しないのは、社会科学の非合理的な裁定がそれらの普遍性と両立しないからに他ならない。しかしながら、普遍性に対する社会科学の主張は、そのことがあらゆる社会科学を社会科学たらしめている社会的・道徳的裁定を抹殺するために、現実的に科学的主張を害することになる。すべての社会科学が可能となるのは、単にこうした社会的・道徳的裁定を承認することによってだけである。この裁定の承認を拒否し、また普遍性の幻想にしがみつく社会科学は、こうした態度そのものによって科学的成功に対する社会科学の唯一の機会を失ってしまうことになる。それ故、社会科学の真理とは、観察者の特別な見通しの下においてのみ真理であり、これからもその見通しの下でそれは真理なのである。また、このことは社会領域において所有されるべき唯一の真理なのである。

より多くを求める者は誰でも、より少なくしか得られないだろう。彼らが社会的・道徳的裁定に気付くことがなければ、理性と科学は、どの社会的行為者も自分のために発動する空虚なイデオロギー的正当化になるからだ。そのため、社会領域においてある聞き手の観点から見て理性的であるものは、別の聞き手によって彼の前提から非理性的とみなされる。真理そのものは社会的利益および感情と関連したものになる。社会科学は、いわば、過去の政治哲学や形而上学体系の遺産を引き継いでいる。そこで、科学的学派は宗教的セクトとなり、各々が所有していると主張する完全な社会的真理の名のもとにお互に争そっている。あるいは、彼らは政治党派に変容され、各々は他者が受け入れることを絶対的に強要する自身の綱領を提供したり、知的に国内戦争や国際戦争に対する準備をしたりする。理性への訴え——それは何度も何度も繰返され、決して成功することはないが——は、社会生活をめぐる諸問題に直面した科学的精神の無能さを象徴するのに役立つにすぎない。

第七章　科学的人間の道徳的盲目性

科学の時代は、その社会との関係に際して、理性が持たない知識や支配を人間理性に求めることで、人間の本質を誤解している。科学の時代はさらにもう一つの点で、人間の本質を誤解している。科学の時代は、知識やそれに基づく行動が人間が直面する社会の唯一の領域ではないことを理解しないからである。人間は、社会がどう動いているかを知ろうとしたり、自分の知識に従って行動しようとするだけではない。人間はまた、社会の本質や価値に対して、さらに自分の社会活動や社会における自分の存在についての本質や価値に対して熟考したり、判断を下したりする。要するに、人間は道徳的存在でもあるのだ。道徳的問題を科学的命題に還元しようと試みることによって、科学の時代が消し去ってしまわないまでも曖昧にしたり歪めてしまったりするのは、人間のこうした側面である。

人間は本来、政治的動物である。科学的であるのは偶然か選択による。人間は、人間であるがゆえに道徳的である。人間は生まれながらに権力を求めるが、現実の状況が彼を他人の権力の奴隷にする。人間は生まれながらに奴隷であるが、至る所で主人になろうと望む。こうした人間の願望と人間の現実の状況との間の不一致から、権力の道徳的問題、人間が人間を支配する権力を正当化したり、制約したりする問題が起こってくる。したがって、政治思想の歴史は、政治権力に対する道徳的評価の歴史にほかならない。マキアヴェリやホッブズの科学主義は、人類の歴史では結果を伴わない偶然のできごとであって、感謝する後世代にプロメテウスの創造の火を灯すのではなく、人間の隠れた動機という暗景を明らかにする稲妻の閃光にすぎない。人類が、人間の政治的本質についての科学に心を奪われているかに見え、倫理学を経験科学とみなす場合もそうでない場合も、道徳的問題は声を上げ、回答を求める。その問題と共に回答も、科学的偏見が道徳的問題を真実の光の中で見ることを認めず、その回答が問題に対する真実の関係の中で与えられない場合には、不明確で、曖昧で、歪められたものになる。そのため、政治倫理に長年の問題を再発見し、再構成し、この時代の経験の光の中でそれらの問題に答えることは、いつの時代でも、特に科学の時代には続いている。

倫理の科学

流行の思想学派によれば、道徳的行動の目的は最大限の人間的満足の達成である。道徳的行動自体は、ある行動に伴う損得を考量する意識の結果である。それゆえ道徳的抗争はせいぜい、二つの選べる行動のうちどちらが望む結果のために適切かという合理的疑念である。倫理学は、合理的計算によって一定の目的と一定の手段との関係を予想するが、科学と区別がつかなくなる。また、道徳的行動と成功する行動とは同じ事である。それゆえ神は、常により強い軍勢、選挙に勝つ政党、最大の預金口座と共にある。

他方で、成功できなかったことは倫理的劣勢の証しであり、その劣勢は当然の報いとして、戦争、政治、実業における敗北をもたらす。このように完全な社会的適応の見地から考えられた倫理的理想を欠いた行動は、無知や経験の欠如に起因する。したがって、このことを改善するには、「変わりつつある世界内での社会生活」に対する教育やら訓練が必要となる。宣伝が道徳哲学に取って代わる。しかも、より高次の学習のために設けられた制度のカリキュラムにおいて、宣伝を分析することが道徳哲学の代りをつとめることとは全く矛盾しない。ユダヤ・キリスト教の伝統である非功利主義的倫理規範に対して言葉の上だけで忠誠を尽くすことは、世俗の説教や教会の説教の中で道徳的訓戒の形式で今だに行なわれている。しかし、こうした形での忠誠は、もはや人間の行動を導くことが期待できない空虚なシンボルへの式典主義的な敬意となってきているからか、あるいは功利主義的倫理の現実的な結果と伝統的倫理の前提条件とが一体のものであることを意味するからである。したがって、一方を訓練し、他方を説諭することで、二つの倫理体系の一体化は現実に再肯定されようし、また倫理規範と人間の行動との調和はますます強固に確立されることになろう。

しかしながら、現代精神が、功利主義的規範を無視して解決される倫理的抗争の存在に気付かぬはずがない。偉大な著作はそうした解決への記念塔であり、また、極端な条件の下では現代人すら自身の「よりよい」知識に反して伝統的倫理に従って行動する。しかし、功利主義的倫理が認めている規範を自身の倫理的経験との間に見られるこうした差異に彼が気付くようになる場合には、彼は二つの極端な対応のどちらか一方にたよるだろう。彼は自身の倫理的経験を、心理的な変種、つまり功利主義的規範からの奇妙な変種として片付けてしまうか、あるいは功利主義的基準やそれと一緒に人間行動の経験的条件を強く否定し、そして純粋な思想つまり完全論者の倫理学の領域に引っ込んでしまうかである。前者の反応についてダグラス・ブッシュは、ハーバード大学の一年生クラスに見られる顕著な例を挙げている。「そのクラスの三人は『ロード・ジム』についてのレポートを書くことを選んだ。誰もが記憶するコンラッドの主人公は、遠洋航海船の若い高級船員であった。彼は、自分が思わぬ危機に遭遇し、多数の現地の乗客と共に船が沈没すると思われたときに、船を見捨てて保身に走った。その後彼は、航海の度ごとに、自分が臆病な人間であるという事実と自分の試練への悪評に悩まされた。とうとう彼は、別の危機に直面して自分の命を名誉のために敢えて犠牲にすることで、内面の名誉回復をはらしたのだ。ところで、私のクラスの三人の若者のうち、正常な考えをもち、上品で、気立ての良い二人が、正直さと自尊心を失くして悩む男の考え方に全く同情しなかった。ジムは何故『現実的』でなかったのか、彼は何故すべての任務を忘れたり、自分だけに有利な行動をとったり、命を大切にしたりしなかったのか、と彼らは問題にした。……一体どれだけ多くの若者がそうした『現実的』態度を私的な、公的な、そして国際的な義務に持ち込んだりするのだろう、また、どれだけ多くの若者が自己中心的な、安らかな幸福を人生の主要目標とするのであろう。」▼1

功利主義的「現実主義」が、道徳的な問題を全く排除せずその存続している問題を少なくとも認識したり、またその存在を気づかう場合には、教育や応用心理学その他の技術の助けを借りて、個人は自身の社会環境に順応するだろう。良心の道徳的な躊躇いや抗争は、個人とその社会環境との抗争から生じる一種の精神病的な状態とみなされるからである。そこでアルフレッド・アドラーは、全般的な精神分析的治療法の結果として、全く「健全な」社会を観察している。その社会の成員は、倫理の問題で夢中になって生じる感情的混乱から自由であれば、彼ら自身も彼ら相互もいつまでも無事に暮らすだろう。

完全主義

したがって、功利主義哲学の倫理的結論と伝統的倫理との相違は、後者の痕跡を心理学的な異常として扱い、また後者を完全に取り除くことで十分実現される倫理的な健全状態の出現として前者を処理することによって、克服される。応用社会科学としての倫理学はこの点で、倫理的問題の解決を用意する。この完全な実現を阻むものは、ただ伝統的倫理学に対する間違った執着だけである。ここでこの時代の倫理的理論および実践と伝統的倫理学との間の対立は、前者の排除を前提とし、後者を除去することによって解決される。それに対し、倫理的問題の明白な解決という同様な結果を達成するには、伝統的倫理学の諸原則を、理性の倫理的要求を忠実に反映すると想定される難解ではあるが論理的に矛盾のない一貫した思考体系につくり上げる、という逆の手続きをとることによって可能となる。そうしたことは実際に、十九世紀の功利主義的な科学主義が合理主義哲学の遺産を引き継ぐ以前には、合理主義の最初の解決策であった。

しかしながら現実は、理性の命令にたとえ積極的に敵対しなくても、その命令に無関心な諸力に支配されているため、架橋できない深淵は人間の実体から合理主義的倫理の命令を永久に引き離すにちがいない。合理主義の倫理的理論および実践は、少なくともその完全論の明示によれば、この隔りの永続性と不可避性とを認めはしない。完全論が確信しているところでは、現実が理性の倫理的命令に順応をしぶる理由は、知識の欠如や道徳的怠惰にある。教育や道徳的訓戒はやがて、そうした障害を克服するだろうし、また、最終的に望ましい結果をもたらすのは、それらの知的影響力の質および強さの累積効果以外にないのである。

人間の行動を合理的な効力によってのみ変化させるという完全論の主張する倫理の力を信じることについては、ウィルソン流アプローチが現代政治学において顕著な例となっている。しかしこの信条は、政治生活に限定されるものではない。それは典型的に現代宗教に、とりわけいわゆる自由主義プロテスタンティズムに現われているが、さらにまた近代カトリシズムにも最も典型的に現われている。この近代カトリシズムは、政治思想としての自由主義と対立関係にあるが、少なくとも現代舞台を評価する際にこの時代の精神が及ぼす影響力から逃がれることはできない。この信条は政治舞台では、ときにはやむを得ず妥協したり、また功利主義的な便宜性に代ってしまいさえするかもしれない。だがそれは現代の宗教では全く妥当しない一貫性や完全論だけでなく、そうした特性に付随する次の三つの顕著な結果を明らかにする、と言っても問題はないだろう。その結果とは、有意味な政治的行為に対する無能力、権力者を支持し現状を正当化しようという誘惑、したがってそうした結果を招く思考体系に対する不信の三つである。

完全論者の倫理学の仮説と人間行動の実際の状況との間の恒久的な不一致から見ると、前者に一致する行動は見当ちがいや失敗の、あるいは両者の危険を冒してのみ可能となる。良心的兵役拒否者はその好例である。彼は戦争という不合理なものへの参加を非難する倫理規範に満足する。そうすることによって、彼は人々に手本を示すことができるが、戦争を除去することも、戦争の発生に影響を及ぼすこともできない。戦争への参加を拒否することで彼がそうしたことを目的とするならば、彼は失敗していることになる。他方、彼の唯一の目的が自身の人格のうちに倫理的完全性を実現することであるならば、彼はそれを実現できたであろう。それにしても、戦争防止という社会一般の目的が基準として適用されるのであれば、倫理的完全性の実現は、たとえ実際には恥ずべきことではないとしても、全く見当ちがいであることになる。それは、戦争防止のための政治闘争に積極的に従事する人々にとっては、政治効果を必然的に生まない個人的な表明としてばかりでなく、意味ある政治行動を自制することで自己の良心の平和を深める特殊な種類の個人的利己主義とみなされるからである。善悪を決定する諸力や、意味ある政治行動で受ける倫理的・政治的危険性の観点から見て、良心的兵役拒否者が道徳律の字句に関心をもつのは不適切と思われるし、また、彼が道徳的純粋さのために意味ある政治行動をしないことは、見当外れに思われる。

ほんのわずかな少数集団だけが自己の倫理的信念がどんなものかに関係なく、どんな場合にも、その倫理的信念のために全く行動しないか、あるいは不適切に、無駄に行動するかで満足するであろう。人間の共通の方向は、永久的であれ一時的であれ、倫理体系を変えるだろう。この倫理体系は、その命令を固守する人にそうした行動と両立する行為をさせるために、成功する行動を犠牲にしてしまう。功利主義倫理学がこうしたことの著しい現代的な例である。あるいは彼らは、倫理規範の字句が行動の成功を不可能にしないようなものならどんなものでも解釈するだろう。合理主義倫理学と実践との間の隔たりを克服しようとするこうした試みは、ある種の組織的な宗教によってのみならず、ホッブズやヘーゲルから現代の独裁に至るすべての全体主義政治思想によっても例証されている。その極端な出現の中でも、組織的な宗教は、政府を神聖な制度として賛美し、その神聖な起源に聖別された確立された秩序の倫理的価値を主張する。この点で以上の隔たりは、倫理的原則に照らして政治的実体を再解釈することによって埋められはするが、全体主義思想は政治実体に適合するように倫理原則を再編成する。国家それ自体は、地上の倫理の源ではないとしても、少なくともその表現であり、また、国家の名においてなされるものは何であれ、国家から発する倫理的神聖さを幾分帯びるのである。

しかしながら、この隔たりを埋めたいとの願望が倫理と政治とを同一化する全体主義的な極端な方向へ行かない場合でさえも、われわれの文明には今だに倫理の命令と政治の実践との間に存在しうるどのような不一致をも、最小限に抑えようとする根強い傾向がある。このことは、いかなる具体的な政治状況に言及することなく最も一般的な形でキリスト教倫理の命令に注目することによってか、あるいは政治が共通性をもつ世界一般の罪を嘆き悲しむことによって、達成される。どちらの場合にも、倫理の命令を侵さずに政治においてどのように成功するかという特別な問題は、全く倫理の命令に直面しないことによってか、あるいは明確な形でそれに直面しないことによって回避される。

政治の非道徳性

西欧文明における世俗の思想は、それが単なる功利主義以上のものである限り、概して完全論者の倫理学が陥いる落し穴を避けようとする。世俗の思想は政治行動と倫理規範とを切り離す隔たりを認識しているからである。しかしそれは、倫理的評価の目的のために私的領域から政治領域を切り離すことによって、もう一方の誤解を引き起こすという犠牲を生み出す。この誤解は次の三つの基本態度の中に現れる。第一は、倫理的制約からの政治行動の恒久的免除を公言すること。第二は、政治行動が特定の倫理基準に恒久的に服従すること。第三は、第二の選択を暫定的事実と認めつつ、私的なものをモデルとしたと思われる普遍的倫理基準の、遠すぎぬ未来での受容を待望することである。

第一の態度は、マキアヴェリやホッブズの名前と結びつき、「国家の理性」として思想史で知られている。それによれば国家は、自己の利益に命じられたもの以外の、いかなる行為基準にも従わない。公共の福祉は最高の法なり（*Salus publica suprema lex*）。政治家が、一つは倫理的であり、もう一つは非倫理的であるが望まれた結果にもたらすよりよい可能性を持つ二つの行動を選択する機会に直面した場合、彼は後者を選ぶに違いない。しかしながら、彼が個人的立場で行動する場合には、他の私個人と同様に、前者を選択するに違いない。政治行動は倫理的制約から自由であるが、私的行動はその制約に従うからである。個人自体は本来道徳的であり、政治の社会は本来非道徳的である。

こうした考え方の重要性は、実際的というよりむしろ学問的である。人類はいつでも、政治行動に対する倫理的評価をやめることなく続けてきた。ギリシャ時代から現代に至るまでの政治思想を支える前提は、政治領域における人間は自分が好むままに行為することは許されないし、彼の行動は成功の規範より高次の規範に従わねばならないというものである。政治思想は、こうした整合性を正当な政治権力、つまり単なる権力の強奪と対照をなす権威の試金石にしさえした。サリカ法典が規定しているように、「汝が法に従うなら、汝は王であり、汝が法に従わないなら、王ではない」。

さらに、政治的実践は、政治行動に対する倫理的評価を当然なものと認める。政治場面での行為者は、彼らがどれほど便宜性を考慮することに導かれようとも、自己の行動を倫理的言葉で正当化することで、そうした規範に敬意を払わねばならない。特定集団の利害の下に制定される国内法案は、共通善によって解釈できる必要がある。政治権力闘争における運動や反対運動は、正義の実現に向う弁証法的運動として理解できるものでなければならない。個々の政治行為がどんなに積極的な倫理的意味を欠いていようとも、それは完全な悪より小さくなければならないし、ともかく何らかの倫理的意味を必ずもつ必要がある。政治行為を倫理的表現で正当化する必要性は、最も冷笑的な行為者ですら、自らの手段を選択しなければならないからである。それは、自らの手段がいかに悪かろうとも、少なくともある点で、どんなに限定的で表面的であろうとも、倫理規範と合せるために、またそれ故に積極的な倫理的主張に真実味をもたせるためなのだ。倫理的主張は欺瞞的であるかもしれないが、行為者が自己の行動を正しいと演出することに関する限りで、それらは完全にまた絶対的に偽りであるということはできない。行為者は、すべての倫理的考慮を自己の政治目標の実現に従属させるかもしれない。しかしながら、彼の行為は、彼が倫理的規範と彼の行為とを明白に調和することを実現されるべき目標の一部とする以上、彼自身の観点からでなかろうとも、善悪の判断を逃がれることができない。

この奇妙な倫理と政治の弁証法は、政治が知らずに倫理の判断や規範的指示を逃れることを妨げるが、政治的動物であり、道徳的動物でもある人間の本質に原因がある。すべての人間は、政治支配の対象であるが、同時に他者に対する政治支配を熱望する。彼の全ては政治支配に曲げられるが、曲げられながらも、少なくとも空想では、自分のために支配に耐える誰かを知るはずである。人間はやむなく政治権力の犠牲者であるが、望むらくは政治の支配者である。人間に、政治的に従属している事実を曖昧にしたり、そのことに倫理的正当化を与えたりさせるのは、この願望である。その時政治支配は、プラトンでは分業の具体例として正当化され、アリストテレスでは人間の天性の不平等として説明された本性自体の産物として現れる。あるいは社会契約や被統治者の同意のような平等主義原理の適用によって提示されることで、まるで政治支配に見えないのである。

合法政府と非合法政府との区別は、ある場合には少なくとも政治支配の事実をやわらげ、他の場合にはその耐え難い不正を明らかにする、類似の機能を果たすことになる。こうして、国民自体は、服従を要求したり期待したりできる政府と、抵抗することが権利であり義務とさえなる暴君支配や簒奪者支配とを区別する。革命の倫理的正当化は、それに対して革命権が主張されている政府に対する否定的な倫理評価を意味している。統治者と暴君との区別を、政治指導者と政治ボスとの区別をする場合にわれわれがしていることは、倫理的区別である。われわれが、アレキサンダーとネロ、エドワード一世とリチャード三世、ナポレオンとヒトラーを異なる範疇に置く場合に言及しているのは、倫理的資質の相違である。一部の哲学者が政治行動の非道徳性についてどのようなことを主張したとしても、哲学的伝統も歴史的判断も世論も共に政治領域から倫理評価を拒否しようとはしないのである。

二重の規範

このように現代思想の主潮流は、政治行為から全く倫理的意味を奪うことはしない。その積極的な貢献として、現代は、それ自体の知的手段で政治倫理の問題を理解したり、解決したりする能力がないことを明らかにした。完全論者のみならず、功利主義者もマキアヴェリストも、この問題を隠したり、抹殺したりするが、問題がここに出ている。しかもこの問題の解答は、その時代を代表する政治思想が共にする人間本性と政治社会への同様な誤解の上に置かれているのだ。

この議論は、政治場面の行為者として人間は、個人の資格で行う場合は行わないか、少なくともそれほど頻繁かつ習慣的には行わないものの、倫理的原則に反して特定のことを行うという観察から出発する。人間は、嘘をつき、欺き、裏切る。しかもかなり頻繁にである。ここで彼は、そもそも例外としてのみ、普通でない状況下でそれを行う。この出発点が導く結論は、人間は倫理が彼に違う行為を認めるため、政治領域と私的領域では違う行動をするということである。言い換えれば、政治領域に一つの倫理があり、私的領域に別の倫理があるのであり、後者によって人間がすることが認められていないことを、前者によって人間は行なうことができる。政治行為は一つの倫理規範に従い、私的領域は別の倫理規範に従う。後者が非難することを、前者は認めることができる。カブールが叫んだように、「もしわれわれが自分のために行動したのであれば、われわれはイタリアのために何をやったことになるのか、われわれは何と悪党だったことだろう。」

いかなる文明も、そのような二重道徳に満足することができない。その二重道徳によって、政治領域は私的領域より道徳的に劣ったものにされるばかりでなく、その劣性が正当と認められたり、ある特殊な政治的倫理体系によって尊重されたりするからに他ならない。そこで、二重道徳によって政治倫理の問題を理解したまさにその時代は、規範の二重性を克服するか、あるいはそれをより高次の原則に照らして正当化するかの努力をしてきたのである。

私的道徳と政治道徳の間の隔たりを克服する試みが始まる前提は、私的倫理の基準から政治領域の道徳は、私的領域では克服されたが、政治領域ではいまだに幽霊に似た存在を導く非道徳時代からの遺物である。言い換えれば、政治倫理は発達の遅れた段階にある。政治行動の特定の倫理は、社会学者が「文化の遅れ」と呼ぶものの顕在化である。そうであるなら、文明の進行は遅かれ早かれ政治行動を、私的行動がすでに判断されている同じ道徳規準に従わせるだろうという結論は避けられなくなる。改革への慎重な努力は、今も政治道徳と私的道徳とを切り離す隔たりに架橋するだろう。ウッドロー・ウィルソンは一九一七年の戦争布告の議会演説で、「文明国の個々の市民間に認められる悪に対する行動と責任の同一規準が、諸国や諸政府間に認められると強調されるであろう時代の始まり」が認められたと考えた。要するにこの考えは、倫理基準と政治的現実の間の対立を軽視し、社会における人間存在の本質的関係を曖昧にすることで政治倫理の問題の解決をはかる完全論者の倫理に帰着する。

目的は手段を正当化する

こうした隔たりが避けられないものと認められ、しかもより高度の原則に照らして正当化されるのは、より高度な洞察の上である。この点で調和は、実際行動の現実にではなく、倫理判断に求められる。この調和が生じるのは、手段としてある他の種類の不道徳行為をある目的――その道徳的価値を手段は共にしているが――へ従属させることからである。われわれには、そうした目的を実現すべき道徳義務があり、それらの本来非道徳的手段を用いることなしにはそうすることができないが故に、手段の悪を避けるために道徳目的の達成を放棄するか、あるいは目的の善を達成するために他の点では悪のことをするか、というジレンマに直面する。われわれが選択すべきものは、後者の道であると思われる。手段は、機能上目的に従属するように、倫理上でも目的に従属するからである。善き目的が求められねばならず、悪き目的は避けられねばならない。いずれの場合も、用いられる手段に関係はない。目的はその達成のために用いられる手段をそれ自体の倫理の色で染め、それ自体で考えれば逆の評価に値する手段をそこで正当化したり、非難したりする。

何にもまして、そのために使用される如何なる手段も正当化されるとみなされる目的は、共通善の貯蔵庫としての国家である。人が自分のために、自分の行動の目的として自分自身の限定的利益のために行動することが認められないことも、彼の行為が国家の繁栄を助長し、それゆえ共通善を促進する場合には認められるし、義務ですらある。そこでは彼を悪党や罪人にする行動も、ここでは彼を英雄や政治家にするだろう。二重道徳の表現として先に引用したカブールの言明は、ここでも再び引用できる。また、目的による手段の正当化は、政治領域に限定されれば、まさしく上述の二重道徳の考えと一致するし、その考えに特有の表現にすぎない。

しかしながら現実には、彼らが仕える目的によって別のやり方で不道徳な行動を正当化しようとする傾向が一般的である。この傾向は政治において最も顕著である。正義の戦争はあるが正義の軍隊はないといわれてきた。同じように、正義の外交政策はあるが正義の外交官はいないと言えるだろう。倫理と政治行動との間に見られる特有な著しい差異やその量的大きさは、必ずわれわれの注意を引きつけるし、われわれが次の報告を読むとき、この問題をうすうす理解できる。「アスター夫人は、『あなたはいつになったら人々を殺すのをやめるつもりですか』と鋭く言った。

スターリンは、『そうすることがもはや必要なくなるときさ』と答えた。農業集産化運動で死んだ何百万もの農夫について質問したイギリス人新聞記者に対し、スターリンは質問で答えた。『第一次大戦でどれだけ死んだんだ』、七百五十万以上だ。スターリンはこう言った。『七百五十万以上が無目的に死んだ。そこで君はわれわれの損失が小さいことを認めなければならない。君たちの戦争は混乱に終わったが、われわれは人類全体のためになる仕事に従事しているからだ』。」[2]

「資本主義の倫理」と呼ばれるものは、行動と倫理を調和させる同様の企ての、まさしく典型的ではあるが、僅かに顕著な事例を提供する。それが我々に僅かに顕著と見えるのは、我々自身のとは見たところ異なる世界に、質的にも量的にも我々の個々の経験を越えるが、このまさに経験の馴染みの部分である次元に作用しないからにすぎない。世俗的な成功と徳や神の恩寵との清教徒的な同一化は、成功への過程で使用される手段がたとえどんなものであれ、徳や神の恩寵の倫理的な神聖さを幾分帯びていることを意味する方法で解釈される。利益の自動調和つまり経済的意味での共通善は個人の啓発された自己利益の自由な相互作用の結果であるというレッセ・フェール自由主義の信念は、個人のエゴイズムに倫理的価値を与える。個人的エゴイズムはその倫理的価値を、社会的調和の倫理目標に役立つかどうかは別として、保有していないだろう。個人自らの倫理的生活は、個人のエゴイズムの表出を倫理的に価値ある目標によって正当化したり、さらにエゴイズムの外見をもつものが個人利益を実際に超越していることを証明しようという試みを繰返す連続である。後者を促進することは、付随的なものにすぎず、いかなる単独の個人利益以上に高度な倫理価値を含んだ善の実現に向う避けられない一歩である。

しかしながら、倫理的規範と人間の行動との間にこうして達成された調和は、現実的というよりむしろ見かけ上のものであり、明確なものというよりむしろ曖昧なものである。その調和を達成するためには、われわれは目的の倫理的価値に反する手段の不道徳性を考量せねばならず、また両者の間に存在する固定的な関係を確証する必要がある。だがそれは不可能である。われわれは、目的とする善が手段の悪に勝利を収めることを個々の政治哲学の観点から論じることができるが、普遍的かつ客観的な倫理規範の観点からは証明できない。何故ならば、二種類の幸福を、二種類の不幸を、あるいはある人の幸福と他の人の不幸とを、それぞれ比較する客観基準が存在しないからに他ならない。ある集団の幸福が別の集団のあまりにも大きな不幸の犠牲を払って得られるとか得られないとかいうことは、常に主張されてきたが、決して証明されるに至らなかった。この点は、目的・手段の関係の人為的で部分的な性格について分析することによって、明らかになるであろう。

この関係は二重の意味で人為的で部分的である。一方で、ある集団が別の集団の幸福の犠牲のおかげで得る幸福は、その集団の成員やその擁護者にとってのみ肯定的な倫理的属性をもった目的である。他の集団の成員やその擁護者は自分の幸福を、社会が促進すべき目的であるが、実際には犠牲にする目的と考えるだろう。ある人間集団にとって目的であるものは、別の集団によって手段として利用されるし、その逆もある。それ故、手段・目的の関係それ自体は、客観性を有するものではなく、観察者の社会的視座にかかっている。カントやマルクスは、目的への手段としての人間による人間の利用を非難して、すべて人間は本来目的として扱われるべきだという倫理的格率を表明した。そして、彼らの後継者でない人々もその要求を取り上げてきた。しかも、プラトンやアリストテレスからスペンサーやヒトラーに至る政治の哲学者や実務家たちは共々、ある者は他の者の目的の手段として奉仕するべく生まれてくるという主張を維持してきたし、排除された者自身がいったん権力の座につくと、彼らはこの主張を支持し、そこで何が目的であるのか、何が手段であるかを自分のために決定するのである。

他方、目的・手段の関係は、われわれが一連の行動の目的にかんがみて「手段」と呼ぶものは全て、目的を一連の行動の最終地点と考えるならば、それ自体目的であることで、曖昧で相対的でもある。逆に、われわれが「目的」と呼ぶものは、一連の行動が停止する地点であるが、一連の行動は実際にはその停止点を越えて進む。この「越える」という観点から見ると、目的は自らある手段に転換する。したがって、およそ行動は、同時に手段でも目的でもある。また、われわれが手段と目的との相容れない特質を一定の行動のせいにすることができるのは、ある一連の行動をそれに先行したり、追従したりするものから勝手に分離するからにすぎない。しかしながら実際には、人間行動の全体は、いずれも先行するものの目的であり追従するものの手段となる行動の体系として現われる。この体系は結局、絶対の善――それが神であれ、人類であれ、国家であれ、あるいは個人自身であれ――と一致するあらゆる人間活動の究極目標になる。それは、目的以外の何ものでもなく、それ故それ以上の目的への手段として役立たない唯一の目的である。この目的から見れば、あらゆる人間活動は究極目標への手段として現われる。

結局、こうして倫理目的が非倫理的手段を正当化するという教義は、概して絶対的な倫理判断の否定につながる。もし倫理目的が非倫理的手段を正当化するならば、すべての人間活動が目的への手段として役立つ究極かつ絶対的善は、あらゆる人間行動を正当化することになるからである。もっともそれらの間には、程度の差が見られようが、本質的に相違は認められない。神のより大いなる栄光のために（*ad majorem dei gloriam*）なされるものは何であれ、その究極目標の神聖さを帯びる。倫理的規範と現実との間にこうして確立された調和は、事実上完成する。この問題の解決はまたしても、現実的というよりむしろ見かけ上のものである。人間の良心を乱し、また人間の精神にこの問題を引き起こすジレンマは主として、人間行動と絶対善との関係にではなく、人間行動と一定の目的との関係——前者は多分悪い関係であり、後者は恐らく善い関係であろう——に関わるからに他ならない。それ故、人間が答えようと汲々としている問題は、少なくとも目的・手段論議の文脈を越えて、われわれが絶対善に照らしておよそ人間行動の明らかに避け得ない悪をいかにして説明できるかではなくて、ある行為が役立つよう意図される相対的善にかんがみて、ある行動——とりわけ政治行動——の明白に不可避的な悪をいかに説明することができるかである。

　目的・手段の原則においては、違う種類の行動の間で明白な道徳的調和が達成され、また、政治行動の道徳的価値は行動が役立つ目的の観点から確定される。類似した偽りの調和とか間違った道徳的正当化は、行動の起源、行為者の意図に由来する。ここにおいて行為の倫理的価値は、その結果ではなく、行為者の意図によって判断される。もしその行動が悪い結果を生み、戦争や何百万人もの死とか不幸をもたらしたとしても、彼らの意図が善であるならば、政治家たちは非難されない。行為者の意図は、行為者の心に写された行動の目的以外の何ものでもないので、統一的・正当化の原理として行為者の意図への依存は、反対に後者の弱さを共有する目的・手段の議論を再調整するにすぎないことは明らかである。

しかしながら、行為者の意図による政治行動の正当化に対してとくに当てはまる別の批判がある。フランスの諺にあるように、政治において犯罪以上に悪いものは、失敗である。言い換えると、政治の行為者は、一般的な道徳的義務を越えて、政治技術の規則に応じて賢明に行動する特別な道徳的責任がある。また彼にとってはご都合主義が道徳的義務となる。自分のために行動する個人は、彼の不適切な行動の結果が彼自身だけにかかわる限り、道徳的非難なしに無分別に行動もできよう。政治領域でなされることは、まさに本質的に、愚かな行動に苦しまねばならない他人に関わる。この点で善意からではあっても無分別に行なわれ、それ故に悲惨な結果をもたらすような行動は、道徳的には欠陥がある。そうしたことは、他人に影響を及ぼす行動、とりわけ政治行動が従う責任倫理を犯すことになるからである。統一的・正当化の原則として善意に依存することは、こうした政治行動の社会的妥当性を曖昧にしてしまう。政治行動それ自体は、私的行動そのものが一般に干渉しない方法で他人の生活に干渉する。善意の政治愛好家は実際上、悪意の職業政治家以上に悪を働くことになるかもしれない。また、善意の試みは、それぞれの行動の倫理的意味を明確にするよりはむしろ破壊するだろう。アブラハム・リンカーンは次のように述べた。「私は最善を尽くす。私はどのように最善を尽くすかを知っているし、最後までそうするつもりである。最後が私にとって申し分なければ、私への非難は何ものでもない。最後が私にとって悪ければ、十人の天使が私が正しいと断言したところで同じことだろう」。

人間の堕落

そもそも確執が存在しないか存在する確執が究極的なため、保証のない事実に調和をもたらそうとするのは、政治倫理の問題を解決しようとするあらゆる試みに共通する特徴である。こうした試みの全てが立脚するのは、個人的領域が倫理的に政治に優位するという前提である。それは個人的領域を理想化し、倫理的完成のモデルではないにしても、それに近似のモデルに格上げする。それとは対照的に政治行動は、不気味で邪悪で、個人行動の倫理の水準にまで高める必要があるように見える。この並列の基盤には、理性的個人の本来的善良さへの楽観的信頼と政治はあらゆる不合理と邪悪の本拠であるという悲観的確信がある。

最初から注意すべきは、人間と社会の対立、個人行動と政治行動の対立は、個々の行為者が同様に行動すると予想される集団と直面する限りでは、単なる言葉の彩だということである。自分自身の目的のために、もしくは他人の目的のために行動するのは、常に個人である。社会、国家、あるいは他のどんな集団の行動も、政治的であろうとなかろうと、それ自体は全く経験的存在ではない。経験的に存在するのは、共通目的のために同一の行動や異なる行動を行う、常に個人の行動である。政治行動と対照をなす私的行動の道徳的特質についてせいぜい言えることは、行動している個人は他の資格で行動している場合よりも、より道徳的であるかもしれないし、より道徳的でないかもしれないということである。いったん人間と社会との対立、私的行動と政治行動との対立が、異なる種類の個人行動の間に存在する対立に移し変えられると、二種類の行動の間に見られる道徳的特質における相違は、せいぜい相対的なものであり、現代の教義がその相違に求めている絶対的なものではないことは明らかとなる。

さらに個人行動の道徳的性格の検討は、あらゆる行動は、少なくとも潜在的には非道徳であること、さらにあらゆる人間行動に内在する非道徳性は、政治行動が進行する特定の条件のために、私的行動よりも政治行動にかなりの程度、より明白に存在することを示している。少なくとも人間行動の潜在的非合理性は、その行為が起こる段階に関係なく、われわれがある行動を別の行動によって（例えば、政治行動と私的行動によって）判断するのではなく、すべての行動をそれらが生じる際の意図によって評価する場合に明白になる。そうした比較によって、われわれの意図は一般的に善であるが、行動の結果は一般に善ではないことがわかる。われわれが自分の思想や熱望の領域を捨てるやいなや、罪や非行に巻き込まれるのは避けられなくなる。われわれの仕事は善意の完成に向けられるが、悪の果実は高貴な思想の種から育つ。われわれは国家間の平和や個人間の調和を望むが、われわれの行動は結局抗争や戦争に終ることになる。われわれはすべての人間が自由である状態を見たいが、われわれの行動は他人がわれわれにするように他人を鎖で結びつける。われわれはすべて人間は平等であると信じているが、社会におけるわれわれの要求そのものが他人を不平等にする。エディプスは、将来起こる悪事についての神話の予言を防ごうとし、またそうすることによって予言の充足を不可避にしている。ブルータスの行動は、ローマの自由を保持しようとめざすが、その破壊をもたらしている。リンカーンの目的は、すべてのアメリカ人を自由にすることであるが、彼の行動は多くの人々の生命を奪い、他人の自由を法的擬制や現実の茶番にしている。ハムレットは、われわれの精神の倫理と行為の倫理との間に見られるこうした悲劇的な緊張に気付いていて、自分の意図が要求するまま倫理的に行動しうる場合にのみ行為することを決定し、そこでいやしくも行動することに絶望する。さらに、彼がとうとう行動する場合には、彼の行為と運命は倫理的意味を欠いているのである。

ゲーテはエッカーマンにこう言っている。「行為する人は常に正義にもとる。熟考する人以外は誰一人として正しくはない」。演じる行為そのものがわれわれの道徳的高潔さを破壊する。自分の道徳的潔白を維持しようと願う人は誰しも、行動を全く放棄しなければならないし、ハムレットのオフィーリアに対する忠告に従えば、「……尼僧院へ行かねばならない」。どうしてすべての行動について、とりわけ政治行動について、そうしたことが言えるのだろうか。

何よりも人間の知性は、生来の限界ゆえに、人間行動の結果を完全に計算したり、制御したりできない。ひとたびある行動が遂行されると、その行動は、変化を生み、さまざまな行動を誘発し、他の諸力と衝突する独自の暴力となる。行為者はその独自の暴力を予知できたり、できなかったりもするし、またそれを抑制できてもわずかな程度しかできない。そうした要因は、人間の先見の明や影響力を超えて存在し、われわれが「偶然の出来事」と呼ぶものであるが、それらは、意図した目標から行動をそらしたり、善意から悪い結果を生んだりする。「われわれの考えはわれわれのものであるが、それらの目的は何一つわれわれの手に入らない。」

しかしながら、善意は、行動の世界では意図した目標を達成する前に堕落してしまうが、思想の世界では堕落なしに離れることもないだろう。社会生活がわれわれの善意に基づいてなす要求は、それらすべてを満足させるわれわれの能力を超えている。われわれは、ある要求を満足させるが、他の要求を無視しなければならず、ある要求の満足は別の要求を積極的に妨害することを意味するかもしれない。したがって、われわれ自身の限界に照らしてみて、道徳がわれわれに命じる要求の不一致によって、われわれは等しく正当ないろいろな要求の中から選択しなければならない。われわれがいかなる選択をしようとも、善をしようと試みながらも悪をなさざるをえなくなる。われわれはある道徳目的を別の道徳目的のために放棄しなければならないからである。われわれが、シーザーのものはシーザーに、神のものは神に返そうと試みたところで、つねに両者の間で揺れ動き、決して完全にはどちらをも満足させることのない不安定な均衡をせいぜい見るに終るだろう。極端な場合には、われわれは他方を十分に満足させるために、一方を全く放棄することになるだろう。しかしながら、典型的な解決策は、安易に良心を評価せずに闘争を休止する妥協であろう。

二つの対立する倫理的要求の変らない不一致は、結局以上のような三つの選択可能な解決策の一つを選ぶことになるが、この不一致はあらゆる次元の人間行動において善意を堕落させる。民族への忠誠は、人類に対するわれわれの義務と衝突する。現代においてほとんどの人々は、国家のために対立を容易に解決しようとするが、それでもやはり対立は実在する。また、国家の名で殺人を犯し、同胞内で神の表象を尊重する、という二重の義務を重荷として背負った人々が、戦争文学がわれわれに考えさせる以上に多数いる。罪人に対する罰のみならず子供に対する罰も、すべての人間が自身の弱点を理解したり、また弱点を判断するよりむしろそれを許さねばならない義務と、ある個人やその集団が自身の権利侵害に対して権利を守らねばならない義務との間に同様な道徳的抗争を起こさせるもとになる。殺人者を殺すことで、われわれは後者の義務を遂行するが、われわれの良心は、有罪なのは殺人者だけなのか、彼の罪は彼が殺した人やまた恐らくはすべて他の人々にも共有されるものではないかを問い続ける。そうした解き得ぬ抗争の例や善意の結果的に生じる堕落の例は無限に存在する。デズデモーナのように、娘は両親と夫との間に見られる「分裂した義務」を分っている。父親は二人の子供のどちらかを、仲間は二人の友人のどちらかを選ばねばならない。わけても人は、自分と他人のどちらかを選ばねばならない。悪の不可避性が際立ってくるのは、まさにここなのである。

利己主義と権力欲

人間がすることやしようとすることはすべて、彼自身から出て再び彼自身に戻る。行為者の人格が、全て意図し、達成された行動の中に現われる。他方、全ての行動は積極的にも消極的にも他者に影響を及ぼす。意図されたり履行されたりする行動の評価基準が他者であれば、積極的にそうであり、ほとんどの行動は本来この種のものである。しかし、行動それ自体が他者と積極的関係をもたない場合でさえ、こうした関係の欠如そのものがその行動を他者と結びつける。社会が個人に要請する行動に対する道徳的要求が決して完全には満足のいくものではないために、他者に関係しない行動は少なくとも他者の観点からすればあるべきものの欠如、道徳的義務の侵害として現われ、こうして消極的な道徳的意味を生じるからである。

かりに自分の行動を通じて他者と自分との繋がりが不可避なものであるならば、それと同様に自分と他者との間の道徳的抗争は避けられない。個人は無私であるべきであり、自分の利益のために他人の利益を犠牲にすべきではないという道徳的義務の下にある。しかしながら、貧困だけでもわれわれの無私性を働らかす要求が極めて圧倒的なものであるので、無私性へわずかでも近づこうとするどのような試みも、常に個人の犠牲を招くだろうし、そのため世界の圧倒的な要求に少なくとも無私性の一定の貢献をしようとする彼の能力を台無しにしてしまうだろう。こうして無私性の倫理に合わせて正義を行なおうとする試みは、少なくともある程度無私性の道徳義務を満足させうるために利己的であるという倫理義務の逆説を生むことになる。そこで意図されたり遂行されたりする利他的(即ち善なる)行為は、決して完全に善(即ち完全に利他的)であることはできない。何故なら、無私性は、それがその存在を負っている利己主義の拘束を決して完全には超えることができないからである。マルチン・ルターは、「現世欲は克服し難いものだ」と言った。完全なる善に近づく行為でさえも、自己犠牲をするか、あるいはまさに自己犠牲すれの線で行動するかによって、逆説的に悪を共にするのである。

こうしてひとたび無私性の倫理の理論そのものが利己主義に是認の印を押してしまったならば、すべて等しく正当な個々のエゴイズムは、相互に対立することになる。また、何故一方のエゴイズムが他方のエゴイズムと衝突せざるをえないのかについては、二つの理由がある。前者が独自に求めるものを、後者もすでに所有していたり、求めたりする。そのため闘争や競争が続発する。人間は、自分とその同胞とのすべての関係が少なくともそうした利害抗争の芽を含むことを認めることで、もはや利己主義や他者への付随する害がほぼ全くなしに自分の意図の善性を求めることはできない。人間は、良心が悪への衝動に加える制約においてのみ善性を求めることができる。人間は、善であることを望むことはできないのであって、それほど悪くないことで満足しなければならない。

抗争やそれに付随する悪の他の根源は、支配意志（*animus dominandi*）、つまり権力欲に由来する。この権力欲は、他者に関して自身の存在範囲を維持したり、拡大したり、誇示したりしたいという願望として現われる。権力欲がどのような仮面をつけて現われようとも、その究極の本質と目的は、ある個人の他者に対する特定の関係においてである。権力欲が他者との関係における行為者の人格に求められても、それはわれわれがこれまで語ってきた利己主義と密接に関係するが、利己主義と同じものではない。食・住・安全のような利己主義の典型的な目標や、それらの目標を獲得する金・仕事・結婚などのような手段は、個人の重要な必要条件と客観的な関係があるからである。以上のような目標や手段の獲得は、個人が生活する特別な自然的・社会的条件の下で生存していく最良の機会を提供する。

他方、権力欲は、個人の生存そのものと関係するのではなく、彼の生存がひとたび獲得された後でその同胞間における自身の地位と関係している。したがって、人間の利己主義には限界があるが、人間の権力意志には限界がない。人間の不可欠の要求は満足の可能性であるが、人間の権力欲は、最後の人が自分の支配対象となった場合にのみ、満たされるからである。彼以上あるいは彼以外に（支配の対象者が）誰もいない場合、言い換えると、人間が神のようになった場合に、はじめて満たされることになる。アリストテレスが指摘したように、「事実、最大の犯罪は必要によってではなく、過剰に起因する。人間は自分が寒さを受けるからといって暴君にはならない」[3]。ピーター・ラディソンはスーピリア湖の畏怖して崇めるインディアンに出会った際に、彼は揺るぎない圧倒的な権力の愉快さを経験する。「われわれはシーザーであり、われわれに逆う者は誰もいない。われわれはいかなる重荷も背負わずに出発したが、貧しい哀れな人々は自らわれわれの馬車を運ぶ幸福を感じたのである。[4]」他方、セシル・ローズは、無限な権力欲と共にその満足を不可能にする生来の限界をも感知する。「これらの星々を君は夜の頭上に見るが、この広大な世界に我々は到達できない。可能ならばこの惑星を私は手に入れたい。私はしばしばそのことを考える。それらがとてもはっきりと、とても遠くに見えることは私を悲しませる。[6]」利己主義には、目的の生来の限界から生じる合理性の要素があるが、権力意志にはそれがない。単なる利己主義は譲歩によって緩和されるのに対し、ある要求を満足させることが権力欲を刺激してますますその拡大を主張させるのは、この理由からである。

権力欲の無限性は、人間精神の一般的特質を示している。ウィリアム・ブレークは、彼が次のように書いたときに、それについて言っている。「『もっと』、『もっと』、は誤った精神の叫びである。すべてなければ人間を満足させられないのだ。」その可能な目標を費消してのみ休めるこうした無限で常に弱まらない欲望の中で、支配意志は、宇宙との合体という神秘的な欲望、ドン・ファンの愛、知識に対するファウストの渇望と同種のものである。個人の本質的抑制を超えて個人の超越的な目標に駆り立てようとするそれらの四つの試みはまた、この超越的な目標、つまりこの休止点は決して実際にではなく想像上にのみ達成されるという性質を共通にもっている。それを実際的経験の中で実現しようとする試みは、アレキサンダーからヒトラーに至るあらゆる世界征服者の運命が証明しているように、また、イカロス、ドン・ファン、ファウストの伝説が象徴的に例証するように、それを試みる個人の破壊に常に終るのだ。

そうした方法で権力欲を、一方で利己主義から、他方で別の超越的衝動から分けることによって、われわれはすでにその欲望の実際的な本質を勝手に曲解している。権力欲は実際上、人間が他者との関係で行動しようとするときにはいつも現われるからである。われわれは権力欲を概念上、社会行為の他の構成要素から区別することもできる。しかし実際には、自身の人格を他者に優越させようとするこうした欲望の形跡を少なくとも含んでいないような社会行動はない。どのような特別な利己主義や他の悪質な目的以外に、それらを超えて、人間行動における悪の遍在を構成するのは、まさにこうした権力欲の遍在なのである。ここに、最良の意図にさえ少なくとも一滴の悪を注入し、そこでその意図をだめにしてしまう、堕落や罪の要素がある。教会が政治機構に、革命が独裁制に、愛国心が帝国主義へと、大きくそれぞれ転換することが適切な諸例である。

政治の本質と目的が人間に対する権力支配であることから、政治は悪である。政治が人間を他者の手段にまで堕落させるのは、まさにこうしたことからである。当然、権力によるこうした堕落の原型は政治場面で見ることができる。この点で支配意志は、単に別の種類の主要目的と混合しているだけではなく、その意図の本質そのもの、行動の活力それ自体、つまり人間活動の明白な領域としての政治の本質原理であるからだ。政治とは人間に対する支配をめぐる権力闘争であり、その究極目標がたとえ何であれ、権力は直接目的であり、権力を獲得し、維持し、また誇示する様式が、政治行動の技術を決定するのである。

政治行動を堕落させる悪は、およそその他の全ての行為を堕落させるのと同様の悪であるが、政治行動の堕落は実際に、およそ可能な堕落の範例となるものであり、また原型である。私的行動と政治行動との区別は、無罪と有罪、道徳と非道徳、善と悪、といったようなそれぞれの間で見られる区別と同じものではなく、二つのタイプの行動がどのくらい倫理的規範から逸脱しているかの単に程度にある。規範的性質の区別も同様に全くない。二重規範の立場の学派が陥いるように、規範を別様に適用することは、人間の道徳的義務とその義務に関する人間の具体的な行動との見分けを不可能にする。一個人の政治行為が彼の私的なものと異なるからといって、彼が異なる行動領域では異なる道徳的認識を認めることを導かない。政治行動に当てはまるある種の倫理的認識と、私的領域に適合する別の認識があるというのではなく、一つの、同一の倫理的基準が両者の行動に適用されるのであり、その基準は、異なる順応度ではあるがどちらからも守られ、また守られうるのである。

政治行動と悪をなすことが不可避に結びつくことは、次の場合だけで十分明らかになる。それは、倫理規準が政治場面で経験的に侵害される――政治舞台ではとくにそうであるが――ばかりでなく、ある行動が政治技術（即ち政治的成功の達成）の法則に一致すると同時に倫理（即ち本来善であること）の法則に一致することが到達し難いということも、われわれが認識する場合である。政治的成功の試金石は、ある人が他者に対する自分の権力を維持し、増大し、また誇示しうる程度にある。道徳的に善き行動の試金石は、その行動が他者を行為者の目的の手段としてではなく、彼ら自身を目的として扱うことのできる程度である。こうした理由だけのために、非政治的行動が利己主義や権力欲によって常に堕落にさらされているのに対し、この堕落が政治行動の本質そのものに固有なものだということとは、避けられない。

この時代の最も偉大な反対者だけが、政治行動のこうした必然的な悪にはっきりと気付いてきた。自由主義の時代に書いている偉大な非自由主義思想家は、アクトン卿と共に、「権力は腐敗する。……絶対的権力は絶対的に腐敗する」ということを知るだろう。あるいは、彼らはヤコブ・ブルクハルトと共に、政治に「絶対悪」を見るだろう。あるいは、エマーソンと共に、強制が「実践上の偽り」であり、また「現実の国家はすべて不正なものである」ということに同意するだろう。

政治的人間の特定の堕落

こうした堕落の余地は、それ自体人間存在の永久不変の要素であり、それ故、どこでも、いつでも歴史的状況と無関係に作用するが、それは特定の条件によって拡大され、その度合は強化される。その特定の条件の下に、政治行動は近代国家の中で進行する。国家は世俗領域で、個人にとって最も崇高な忠誠の対象となり、それと同時に個人に対する権力行使の最も有効な組織となる。こうした二つの特質によって、近代国家は質的にも量的にも、政治領域の堕落を強めることを可能にする。このことは、二つの補完的な過程によって達成される。

最高の世俗的忠誠および権力の貯蔵庫としての国家は、個人の権力欲の表明を非難し、実際上それを制限する。自身のために権力を渇望する個人は、低い公的評価を受けることになる。社会の慣習や法律は積極的賞罰によって、個人の権力欲に対する道徳的非難を強化したり、行動の様式や範囲を限定したり、また概して権力欲を抑制しようとする。しかしながら、国家というものはその国民に比べて、イデオロギー的にも物理的にも比較にならないほど強力である一方、上からのあらゆる実際の制約から自由である。国家としての集団的権力欲求は自己抑制する以外には、旧い規範的秩序が崩壊し、新しい規範秩序が始まることによってのみ制約される。もっとも両者ともにあまりに微弱であり、実際上の制約の単なる暗示以上のものを提供しない。その上、国家の集合的支配欲の表明に現実的な制約を課するには、力の均衡のメカニズム以外に、集権的な権威は存在しない。国家はまさに「この世の神」となり、もはや不滅の神を信じられないこの時代にとって、国家は存在する唯一の神となる。

さらに個人が自分のために望むことを許されないものを、人は「国家」という法的虚構のために求めるよう奨励される。個人が自分のために満たすことを倫理や国家によっても許されない欲求が、国家自体によって国家自身の目的に向けられる。個人のエゴイズムや権力衝動を国家に移すことによって、自己の禁じられた熱望に対して身代りの満足を与えるだけではなく、その転移の過程は満足の倫理的意味をも変化させるのである。エゴイズムであったもの――それ故に恥ずべく不道徳でもあるが――は、そこで愛国心となり、したがってここにおいて高尚かつ愛他的なものとなる。社会は、個人の権力欲に責任を負わせると同時に、価値体系の頂点にある国家の集団的権力に貢献する。

　個人が直接に自らのためにではなく国家のために権力を求める限り、それらのすべての要因は同時に、個人の権力欲を鼓舞し、その顕示を自由に放置しておくよう作用する。結局、ここに起こることは、権力衝動の抑制ではなく、一定の方向を志向する流れに見合った量的・質的拡張である。拡張が量的なものだということは明らかである。国家に奉仕するように方向づけられた個人の支配意志は、その求めるべき対象としての世界を、想像上においても実際上においても保持しているからである。その拡張もまた質的なものであることはそれほど明確ではない。権力衝動が個人から国家へ移転することによって生じた堕落の巧妙さと同時に巨大さをわれわれの目の前に明らかにするのは、この質的要素を真に正しく評価することに他ならない。この堕落は二つの異なる次元で広がることになる。

　国家は、個人から国家への権力衝動の転換を助長するが、この転換から生ずる量的堕落を曖昧にする。政治イデオロギーは個人の良心を鈍らせるが、その良心は私的な顕示をなお自覚していても公的領域での権力の堕落を忘れがちである。先に述べた二重の道徳は、国家の権力のために行われることを正当化し、また個人の権力のために行われる場合にはそれを非難する。その道徳は独断的側面を示すが、同時にそうしたことを忘れることで論理的完成をみるのである。結局、個人は、個人の支配欲が保持する悪よりも国家の権力欲の保持する悪の方が小さいことを、それどころか、個人の支配欲には見られない特定の価値が国家の権力欲に伴うことを信じるようになる。

しかしながら、すべての人々がそうした倫理的評価の完全な否定を経験しないだろうし、また経験する人々でさえ少なくとも何らかの道徳的良心の痕跡を維持することなしにはそうしないだろう。彼らの良心は権力衝動の存在の中でなお不安定であろうし、また彼らの道徳的良心は緩和を求めるだろう。ここに権力による究極的な道徳的堕落の舞台がある。この点で堕落しているのは行動ではなく、あるいは道徳判断が悪と見るべきものを善とみなす道徳判断ではないからである。ここで起こることは、道徳的意味自体の驚くべき曲解であり、それを非難すべき規範それ自体の名において悪を黙認することである。

こうした道徳的意味の盲目的な、単純な曲解の著しい例は、現代文明のほとんどの代弁者による権力政治に対する非難である。実際に、そうした非難が知的にも道徳的にも正当化されうる観点、つまり権力欲の不可避性および邪悪性の両者に対するアウグスティヌス流承認がある。しかしながら、そうしたことは信じられる見解ではない。カントの言葉にあるように、本来の悪は「完全に合理的世界観の外にある原理」である。こうした世界観を自身のものにしてきた文明は、自ら権力欲の本来の悪を制する知的能力を奪ってしまった。この悪の本質がもはや否定されえない場合でも、それは少なくとも軽視されうるし、社会における人間生活とのその必然的かつ親密な結びつきも拒否されうる。こうして、現代文明の代弁者が仮定することは、権力欲やその悪の遍在性を認めずに、権力要素やその悪がとりわけ一定の行動や状況や制度などに結びつくことであり、そしてまた、それらを改善したり、廃止したりすることによって、権力欲自体は廃止されえようし、それ故権力の道徳的問題は解決されるだろうということである。彼らは、自分たちが決して勝つことができない模疑戦を行なっているのであって、彼らが勝つことができるかどうかは問題ではない。権力が重きをなす世界においては、合理的な政策を追求するいかなる国家も、権力を放棄するか、権力を求めるかの選択権はないからである。選択できたとしても、自国のための権力欲に対する、それほど派手ではないがやはり差し迫った道徳的弱点をなおわれわれに突きつけるであろう。現代文明は権力に対するこうした模疑戦によって、その倫理的規範に賞賛の言葉を呈したという満足を、またあたかもそれらの規範が存在しなかったかのごとく生きつづけることができるという満足を得るのである。

何故、権力を求めて起こる最大の堕落がこの堕落を証明しようという試みの最大の浅薄さと合致するかを理解することは容易である。権力欲が諸国家間の支配的権力の地位につく手段として国家を理解する場合、絶対的権力を求める衝動に引き続いて絶対的堕落が起こる。この時にあらゆる人間を手段として使用することは、偶発的な構想の中で望まれるのではなく、具体的な実行において利用されるからである。最大限の道徳的勇気と知的洞察だけが、この堕落の十分な範囲を理解できるのであり、さらに、生活能力や行動能力を維持することを可能にするだろう。この点で、倫理と政治の間に存在する大きな隔たりは、その隔たりを架橋し、それを埋めようとする完全論者や現実逃避家、二重規範を有する人々などによる試みにとっては、あまりにも広大で極めて不可解なものとなる。大きな隔たりの極致に接近する権力の悪に直面して、政治権力と倫理とのある種の矛盾によって生じる問題の存在を少なくとも認識することが必要となる。しかし、その時機が人間存在に内在する大きな悲劇的な二律背反の一つの理解を要求する際には、この時代は、政治改革の精神において感傷的かつ不適切な解決以上のことをなし得ない。

より小さい悪

遍在する経験的事実としての権力欲と普遍的な倫理規範としての権力欲の否定は、二本の極であって、その両極の間に電気の陰陽極間と同じようにこの二律背反がぶら下がっている。この二律背反は、それを生み出す極が恒久のものであるため、解決できるものではない。人間性を放棄しなければ、倫理的自制の放棄はありえない。ベネデット・クローチェはドイツ人に話す場合はイタリア人を引き合いに出している。「われわれは自分たちの見当ちがいの信念をもちながらも少なくとも知的明快さを保っており、またわれわれは悪い人間のままだが、人間である。それに反して、君たちは概してそれを失ない、動物となっている。[6]」この世界における人間存在の条件それ自体を拒否しない限り、権力欲の実際的な否定はありえない。マキアヴェリズムの終末は、ジャック・マリタンの極めて整然とした、かなりの進歩的な精神がすでにわれわれの理解の及ぶ範囲で見ているものであるが、[7] 全く近づいてはいない。その終末は全く現実のものではない。もしそれが現実のものとなるならば、悪そのものからの救済は現実のものとなろう。

何をなそうと権力の悪からは逃れられない。相手に対して何かを行えば必ず罪を犯すに相違ないし、何かを行わなくとも罪を犯すに相違ない。行なうことで悪に関わるのを拒めば、己の職務への義務に背くからである。象牙の塔も、行為者と傍観者、抑圧者と被抑圧者、殺人者と犠牲者が密接に絡み合った罪に対して擁護を述べられるほど全くかけ離れたものはない。政治の倫理とはまさしく悪を行う倫理である。政治をとりわけ悪の領域として非難するのであれば、あらゆる政治行動の中にある悪の永続的存在に甘んじなければならない。それゆえ最後の手段は、悪の存在が必然であるなら、幾つかの可能な行動の中で最小の悪を選ぶべく努力することである。

極めて悲劇的な選択に直面して、権道に対して正道を訴えたり、選択する政治行動を正義の欠如故に非難するのは些末なことである。そうした態度は、人間存在の悲劇的な複雑さに盲目で、政治倫理に関する問題の非現実的・偽善的な解決に甘んじている文明が皮相であることの一例にすぎない。実際、政治行動に対する純然たる正義の祈願は、正義を茶番にする。あらゆる政治行動の要求は正義に欠けるはずであり、ある政治行動に対する論点はすべてに対して真実だからである。完全主義者は、政治行動が不正であるが故にそれを避けることで、ある不正義をそれより悪くさえありうる別の不正義と盲目的に引き替えることとしかしない。彼は、自分が全く悪をしたくないために、より小さい悪でさえしり込みする。しかし、彼の悪からの個人的回避は、実際には良心と結びついたエゴイズムの巧妙な形態であるが、世の中の悪の存在に全く影響を及ぼすのではなく、ただいろいろな悪を差別しうる能力を失なわせるだけにすぎない。こうして、完全主義者は結局、より大きな悪の源泉となる。パスカルの言葉にあるように、「人間は、天使でもなく野獣でもなく、さらに悲惨なのは天使を行なおうとする者が野獣を行なうことだ」。ここに再び、あらゆる政治行動における悪の悲劇的存在に気付くことによってのみ、人間が少なくともより小さい悪を選択でき、さらに人間が悪の世界の中でできる限り善であることを可能にするのである。

科学も、倫理も、また政治も、政治と倫理の対立を解決できない。われわれには、権力か公益かという選択の余地はない。成功裡に行為するのは、政治技術の法則によれば、政治的知恵である。政治行為が不可避的に悪であることを絶望的に認識すること、それでもなおかつ行為するのは、道徳的勇気である。いくつかの適当な行動の中から最も悪の小さい行動を選択することは、道徳的判断である。政治的知恵、道徳的勇気、道徳的判断が絡み合って、人間は自身の政治的特性と自身の道徳的運命とを調和させる。この調和は、暫定協定（*modus vivendi*）にすぎないものであり、不安定で、不確実で、道理に合わない事すらあるが、人間存在の悲劇的矛盾を誠しやかな和合という慰めの論法で誤魔化したり、歪めたりしたがる人々だけを失望させるのである。

第八章　科学的人間の悲劇

人生の不条理についての悲劇的意味

合理主義は、人間の本質、世界の本質、理性それ自体の本質を誤解している。合理主義は、隅々まで理性に支配された世界、残存する非理性の遺物をいずれは必ず排除する自律し自足した力を考える。そのため、悪は単に消極的なものであって、善である存在の不在を意味する。悪は、単に理性の欠如とみなされるし、理性自体の固有の性質に基づく積極的な解決は無力である。この哲学的・倫理的一元論は、極めて合理主義的な思考様式の特性を示すものの、西欧思想の伝統からは逸脱している。この伝統において神は、悪の挑戦を受ける。悪は、世界秩序において永遠かつ必然的な要素とみなされる。ドゥンス・スコタスやトマス・アクィナスからルターに至るまで、人間の罪は同じように、善への漸進的な発展によって必ず克服されるはずの世界秩序の偶然的な混乱状態としてではなく、人間存在に意味を与え、また別の世界における慈悲や救済の行為だけが克服できる、避けられない必然性とみなされる。アウグスティヌスの考えにあるように、国家が悪であり、物事のよき秩序の否定とみなされる場合には、世界の一般的罪深さにかかわるために、世界秩序と必ず結びつく。

自由主義以前の著者たちが人間の世俗に存在する悪を非難する際には、彼らは先ず、生命や努力の消耗とか功績と報奨との不均衡についてではなく、人間の永遠の罪やこの世に平和や幸福を見ることができない人間の生来の無力を考える。この悪は、自由主義的な意味で非合理的なもの、理性の単なる否定ではなく、肯定的に見れば、人間生活において宿命的な、邪悪な、破壊的なあらゆるもののシンボルや表現なのである。現代においてジークムント・フロイトは、無意識の表明として人間の運命を決める暗く邪悪な力の自律性を再発見した。フロイトはつい、無意識に対する理性の究極的な完全勝利という信念に基づいて書いた純粋に哲学的著作の楽観主義において、自分ですらこの時代の影響力を全面的に避けることができないことを示している。しかし、彼の二人の信奉者であるアルフレッド・アドラーとカレン・ホルネーは、彼の心理学を合理主義の規範に適合させることによって、人間に対するフロイトの考え方を合理主義哲学から切り離す溝を明らかにする。両者にとって、悪に満ちたフロイトの無意識の暗黒は、一種の一時的可視性の欠如、単に消極的なものに変えられる。そうしたものは、教育や個人的・社会的改革のようなこの時代の標準的方策によって比較的容易に克服されるだろう。

合理主義以前の時代は、この世界の支配をめぐって闘争する二つの勢力――神と悪魔、生と死、明と暗、善と悪、理性と感情――の存在に気付いている。年ごとに著しい善への進歩はないが、今日は善が、明日は悪が支配するという、未解決の衝突がある。また、われわれの世俗の生活の現在から大きくかけ離れた時代の終りにはじめて、善と光という力の究極の勝利が保証されるだろう。

この果てしなくこれまで未決の闘争から、人生に対する悲劇的感覚と呼ばれるものの根源の一つ、物事の本質に固有であると共に人間理性が解決するには無力な、解き得ない不一致、矛盾、抗争などに対する認識が生まれる。「科学の時代」はこの認識を全く見失なっている。この時代にとって、人間精神に直面する問題や人間の存在を乱し破壊する抗争は、必ず二つの分類の一方に入る。一つは、理性によってすでに解決されているものと、もう一つは、それほど遠くない将来に解決されるものである。この結果、この哲学は人間生活の悲劇的特徴を認識できない。この悲劇的な特徴は次の三つの基本的な経験に由来する。

人間は、合理的人間でさえ、自分の瞑想体験の中で、善と悪、理性と感情、生と死、健康と病気、平和と戦争などのそれぞれの間の止めどもない闘争――極めてしばしば人間に敵対する諸力の勝利に終る闘争であるが――に出合う。彼はまた現実経験の中で自分の善意が悪い結果へ変容してしまう事態に出合う。その変容はしばしば、悪い結果を回避するためにとられた手段それ自体によってもたらされる。A・C・ブラッドレーが『シェークスピアの悲劇』で指摘するように、「この悲劇的世界ではいかなるところでも人間の思想が行動に移されると、それ自体と反対のものに変わってしまう。彼の行為、一瞬のほんのわずかな活動が、王国全面に広がる巨大な洪水となる。また、たとえ彼が何をしようと夢みたところで、全く夢にも思わぬ自滅をしてしまう。」

人間――ここではわれわれは合理主義者を除かねばならないが――は知的経験の中で、一方の自分の知識と、他方の世界の謎やこの世界における自身の存在の謎との絶え間ない闘争――この闘争は、各々の答と同時に新たな疑問を、各々の勝利と同時に新たな失望を提供し、そのためどこへも導びかないように思える――に出合う。結びつかない因果関係のこうした迷宮の中で、人間は沢山の取るに足らない回答を見つけたが、その人生という大きな疑問に対しては回答も、意味も、方向も見つけてはいない。

以上のような三つの経験によって、人間は、未知のものや知り得ないものに直面して自分の無知に、また優れたものや克服し難いものに直面して自分の無能に気付くようになる。そうした経験は人間に、人間生活に固有の悲劇的要素を知覚させる。こうした要素は、ギリシャ人やシェークスピアの悲劇の中にその最も有名な芸術的表現を見出す。ゲーテはエッカーマンに次のように話した際にそのことに気付いていた。「人間はこの世界の問題を解決するために生まれてきたのではなく、この問題の起点を探り、さらに人間が理解できるものの限界内にとどまるために生まれてくる。……人間の理性と神の理性とは、二つの全く異なるものである。」現代に悲劇の芸術が欠如しているということは、人生における悲劇的要素を合理主義が無視していることの別の表現にすぎない。同様な無視は、持続する進歩の信念や、平凡な楽観主義の中に基本的に現われている。この楽観主義において人生は、次々に増大する技術が必ず克服する一連の小さな困難に溶け込んでいる。

合理主義哲学は、挫折、失敗、破滅が成功や進歩と同じように本質的にこの世界の図面に織り込まれていることを認めないだろう。そのため、合理主義哲学は、人間存在のあらゆる失敗の中で最も恐ろしい死の問題を処理できない。合理主義以前の哲学において死は、人間存在に積極的な役割を果たしている。死は、生命の空しさを常に思い出させるものであり、来世の罰と苦難への常にある恐れであり、さらには無上の充足、応報の期待、救済の約束への常にある期待である。そうした宗教的意味を別にしても死は、人間存在の本質的限界、定められた一生の当然の結果、人間の果てしない野心への警告、さらに人間の支配を超える宇宙の法則との結合などとみなすことができる。こうした解釈的な考え方のもとでは、信仰者の心にも不信仰者の心にも、どこからも生まれてこないと思われる自覚的な知性をもつ動物の、あたかも死がまるで存在しなかったように死の暗闇に陥いらねばならない動物の、光景への驚嘆がある。信仰者はこの明らかな運命を受け入れることはないが、それに対してそれを受け入れることができない、あるいは採るべき道を信じられない不信仰者は驚嘆し続けるのだ。

合理主義哲学は驚嘆さえしない。この哲学はまるで死の意味に気付かないからである。この哲学が死に見るのは、単に生命の否定、極限まで回避されかつ延期されるべき災難である。死は、この世界の合理的秩序の妨害であって、理性が増え続ける成功に対応する他の妨害と本質的に相違するものではなく、程度の差である。したがって、死は、難破船、失業、あるいはがんと同様に解決されるべき問題に他ならない。また、人間にとって死の意味は、それ以外のどこにもない。

合理性という幻想

一方の世界および人間の実態と、他方の合理主義哲学が描くその図面との相違は、合理主義的倫理の功利主義的表現と教育に対する合理主義的考え方とに決定的打撃を与える。そうした考え方は、世界の本質や人間の本質が隅々まで合理的であるという前提の下でのみ正しい。そこでだけ規範的領域を完全に除くことも、倫理を功利の計算に還元することもできるからである。こうした同一の前提の下にはじめて、われわれは教育を通じて知識の量的拡大を計ることで現代世界のあらゆる問題の解決を望むことができる。しかしもし世界が、善と悪との、理性と感情との、悲劇的な闘争の場であるとみなされるべきならば、理性の命令に従うべきという単なる忠告では、解決されるべき問題の本質に達することはないだろう。そうした人間存在の悲劇的二律背反を認識することなしには、理性の勧告は非合理な助言となり、成功の見込みは失敗の確信となり、有徳者の善は偽善者のひとりよがりのエゴイズムの正体を表わし、教育は正と不正、善と悪、真と偽との区別ができない事実の「客観的」伝達にすぎなくなる。

他方、西欧文明の非功利主義的倫理基準は、その起源を人生の悲劇的条件に置いている。規範的領域の存在自体は単なる事実の領域とは対照的に、人間が功利主義的考察の下で行動しがちなものと、彼らが非功利主義的倫理の基準によって行動すべきと感じるものとの二律背反に起因している。言い換えれば、人間が実際に従わねばならぬと感じている倫理的規範は、決して功利の合理的計算と一致しないのであって、反対に非功利主義的熱情を満足させようと努力するのである。モーゼの十戒は、合理的有効性の前提から出ているはずのない倫理規範である。倫理が求める人間性の総体として善を考えることは、功利主義的合理性の基準には似つかわしくない。

教育に対する現代の考え方や教育の改革力に対する信頼は、それらの論理的応用である合理主義哲学と共に盛衰する。この教育についての考えは、倫理の功利主義的考えの失敗に責任がある同じ理由のために失敗せざるをえない。合理主義的前提によれば、人間活動の欠陥は知識や教化や知識普及の不足から生じるために、教育は進歩と理性の途上に独り立ちはだかる「社会的無知」を克服するだろう。

知識の不足はまさしく、人間の利害や感情の観点から見て「中立な」あらゆる分野の人間行動、すなわち一方の理性と他方の利害・感情との間に永続的調和がある全ての分野での失敗の一因である。このことは、技術的種類に属する活動や、あるいは一般に自然科学に属する活動にとっては相当程度に当てはまる。ここにこの種の教育の固有の領域がある。しかしながら、社会領域では教育による知識の普及は、社会的行動の不足が知識の不足やあるいは少なくとも近代教育が提供できないこの種の知識に起因しているわけではないので、決定的な結果をもたらさない。一方、人間は社会的因果関係の複雑さに直面する。また、社会科学が提供できるおよそ教育や知識によって、人間は社会的因果関係の脈絡をあちこちで少しづつ追求することを多分可能にするだろう。しかし、教育や知識によっては社会問題の解決に、すなわち絡み合った脈絡の解き得ない迷路――その形態の中に社会が分析者の心に現われるが――を解くことに、より近づくことはできないだろう。社会場面における行為者として訓練を受けた社会科学者が、一定範囲の技術的問題を除いて、社会問題を解決するのに素人以上に有能である気配はない。多様でより高度の注文が、社会の諸問題を解決するためには必要である。

しかしながら、他方、過去の歴史も現代史も、社会行動の成功か失敗かにとって、社会科学が提供するこの種の知識がいかに不適切かについて十分な証拠を示している。まずこの知識の実際の適用は、人間の意志に影響する利害と感情の非合理的条件次第である。言い換えれば、人間は、社会的因果関係についての自分の知識が自分と違った道を示してさえいるのに、自分の利害と感情によって行動しがちである。弁護士や医者は、自分の顧客に適切な忠告を与えるだろうが、自分自身、その家族、友人などに同じ問題が起きたときには、利害や感情が合理的判断を妨げる場合には常に、全く愚かに行動するものである。アリストテレスはこう述べている。「しかし確かに医者は、自分たちが病気の場合には別の医者を招き、また訓練の先生は自分が訓練中の場合には他の先生を招く。あたかも彼らは自分の問題を正確に判断できず、また自分の感覚に影響を受けるかのようである。▼1」

ジャーナリストは、自分の感覚や利害に巻き込まれない事件や状況については信用できかつ洞察力ある報告者である。しかし、彼が労働者たちや独占企業、フランスやソ連についての報告をする必要がある際には、彼はせいぜい真理の一部しか見ていない別働隊《パルチザン》になる。ニュース報道における技術改良や世界中いたるところのニュース・ソースに自由に接近できる国際的保証も、また外国通信員に外交上の地位を与えても、事実上の知識を利害や感情に基本的に従わせる態度を変えることはないだろう。歴史家や政治学者は、遠い時代や遠い地域で起こった政治状況について最も目ざましい分析をするだろうが、同時に成功した政治家となり、彼らの利害や感情を賭けられる状況に首尾よく専門知識を適用できる歴史家や政治学者は、ほとんど記録にない。マキアヴェリは現実の政治で成功しなかった。しかし彼を失敗させたのは、知識、政治学者の教養ではなかった。

その上、重要な社会問題は科学的攻撃を受けつけないので、そうした問題は科学的知識を欠くが、違ったより高い種類の洞察力を有する不案内な人々の成果に従いがちである。ローズベリー卿は、本をもつヘンリー・フォックスを見ながら彼に対し、ウォルポールへの見解を、彼ウォルポールは自分の生涯を読むことを軽んじたので、彼は数ページさえ読まなかった、という趣旨で述べた。[2] ホームズ判事は、伝記作家の一人によれば、「自ら理性的研究の数年後にやっと見つけた重大な社会的結論に、研究もせず著作もないホイットマン夫人のような女性が、倒達できたことが素晴らしい」と認めた。[3] ブライス卿や彼と前後する多くの学者は、ド・トックヴィルがアメリカについて実際の行程で知っていたより以上のアメリカの情勢に関する事実の展望をもっていた。しかしながらトックヴィルの『アメリカにおける民主主義』は、ブライス卿の『アメリカ共和国』以上に豊富な知識の蓄積が明らかになったし、今日でもアメリカ社会に関する理解の点では卓絶している。ド・トックヴィルは沢山の知識をもっていなかったが、彼よりも科学的な後継者が欠いていた高度な精神の力を多分に備えていたからである。アリステイド・ブリアンは、国際舞台でのほとんどの同時代人以上に現実的知識を欠いていたが、彼らのほとんどよりも政治的に成功した。

現代の教育は、人間がかつて知っていたよりも驚くほど多くの社会分野で豊富な現実的知識を提供してきた。しかし、行動領域での能力はそれに応じて増大してはこなかった。現実的知識に頼ることは、社会活動の特性を改善するには程遠く、事実上、政治技術衰退の一因となってきたとも言える。われわれはこの衰退の目撃者であり、犠牲者でもある。社会的行為の本質的に合理的な特性や教育の変革力に対する自由主義の信念は、社会的行為の真の特性や教育がそのために遂行できる機能を曖昧にしてきたからである。もしも社会的行為に及ぼす利害や感情の影響力が認識されたのであれば、ヤコブ・ブルクハルト、ウィリアム・グラハム・サムナー、ヴィルフレッド・パレート、ソースタイン・ヴェブレンらが実際に予知したように、自由主義の信念は、現代が一方の理性と他方の利害や感情が社会行為を決定する際に見られる釣り合いのとれた部分に決定的な変化を受けねばならない、ということを容易に予知できたであろう。その信念はまた、こうした変化が理性を相当程度不利にし、それ故に自由主義政治思想の合理主義的仮説を完全に粉砕してしまうことを予知するのも容易であったろう。政治イデオロギー間の交戦形態として宗教戦争が復活すること――それは不服従者に対する拷問、処罰、絶滅を当然伴うが――は、そうした変化が現代に起こってきた程度を明らかにしている。サムナーがほぼ四〇年前に指摘しているように、「偶像崇拝の意義は多くは変らないが、今は宗教ではなく政治に結びついている」[4]。

現実的知識に頼ることは、こうした政治技術の衰退の原因でもあり結果でもある。政治問題とは唯一の正確な解決が適切な事実の調査を通じて見出されるべき科学的問題であるという合理主義哲学に根ざした誤った信念は、この時代の政治実践に現われている。この政治実践のまれなる成功は事実発見の努力と関連はないが、このしばしばの失敗は政治行為の本質から生じ、事実の科学的収集はその本質の形式的表現なのである。行為の誤った進路が、個々人の誤りやある事実の無視・誤解からではなく、基本的かつ堅固に保持された哲学的確信から生じることがしばしば起こるので、政治的失敗は政治的実践に及ぼす科学者の思想が保持する影響力をただ深めるのに役立っただけである。現代人は、社会行為に固有な不確実性を忘れ、自然科学でさえ何も知りえない完全さを社会的努力の中で求め、事実の砦に逃げ込んだ。結局、「事実は嘘ではない」し、事実は少なくとも「現実」だからである。

ウィルソンは、ヴェルサイユ講和会議を支配した権力政治に当惑し、政治的手段で平和の政治的問題に対処できず、事実の基盤の上での解決を求めた。連邦政府は、その自由放任思想と近代労働争議の難局を調和させることができず、統計を収集し、さらなる統計を集めるため事実調査委員会を設けた。あたかも事実の中に、社会の抗争を解決するためにただ識別される必要がある知恵の力と和解の秘密の力が秘められていたかのようだった。実際に、事実への依存はこの点で、新しい知識の源というよりはむしろ無知を隠すための工夫なのである。科学的人間は、多くの無関係な事実の知識でもって、未解決の問題の切迫さから、社会で重きをなす知識の無視から生まれる恐怖を追い払おうとする。

新しい現実主義者は、自分たちを取りまく破壊には落胆しない。彼らが失敗したのなら、彼らに有益な事実の量が十分でなかったからである。政治的失敗への解答は、「さらなる事実」であり、さらなる事実の蓄積は、ただならなる政治的失敗に導く。この悪循環は、社会活動の一般問題への違った哲学的アプローチによってはじめて打破ることができる。

科学的人間の自傷行為

社会行為に関する関係を再考する際には、社会問題と自然科学が扱かう問題との間に存在する基本的な区別の認識から始めなければならない。後者の問題は歴史の特定の時機にだけ解決できるか、または解決できないかである。それらが解決される場合でも、その限りでのみ解決される。冷却エンジンの問題は、ある技術条件の下で解決できなかったし、他の条件下では解決できるようになった。それが解決されたときは、一義的かつ明確に解決された。またその解決を不滅の財産の一つとして大事にしつつ、人類はそのことをまるで忘れることができた。

結婚、教育、平等、自由、権威、平和のような社会問題は、別の種類のものである。それらは、知識の歴史的な限界や技術的達成の一時的な欠乏——両者とも理論と実践の漸進的発展によって克服されるが——から生ずるのではない。それらの社会問題は、すべての人間に共通する利己主義と権力欲がすべての人間を巻き込む抗争の結果である。これらの問題を解決しようとする試みは、いくぶん限られた規模でこうした抗争を解決しようとする試みといえよう。社会問題は決して明確には解決されるものではない。それらは毎日あらたに解決されなければならない。永続的に警戒することが自由の代償であるように、あらゆる社会問題の仮の解決は決して終りない努力という代償を払わされる。こうした決して終ることのない課題からわれわれを救えるようないかなる科学的公式も、発見されてはいない。歴史は、そうした問題の本質ではなく、それらの見た目の徴候を変えたのであって、それらの本質は今日、それが歴史時代の始まりにあったままなのである。

例えば、冷却エンジンの問題とは対比的に世界平和の問題は、それがはじめて人類に現われたときより以上には、今日解決へ近づいていない。歴史上でそれほど科学的でなかった時代と比べて、われわれは今日戦争と平和に関するあらゆる事実を知っている。過去一世紀の間にはあらゆる前史より以上に、国際平和の問題についてより多くの本が書かれ、より多くの知的エネルギーが費やされてきた。しかし、どの思想もどの行動も、数千年前のその素朴な起源を越えて進歩してはいない。その頃人間集団の武力闘争の形でその問題を起こした人間の諸力が今だに作用しており、今日同じ結果を生み、同じ問題を提出している。歴史の進行の中で変化してきたものは、戦争技術であり、また恐らくは個人のエゴイズムと攻撃本能が代替的で道徳的に都合の良い満足を見い出すことによる人間集団への凶悪な大災害という物事それ自体ではなく、その合理化であり、正当化である。

国際平和の問題も、一つの正しい公式の発見により一つの大きな努力で、最終的に解決されるような普遍的でグローバルな規模では訪れていない。平和は、理論的にも実践的にも、不可分のものではない。もしそうであれば、戦争もまた不可分のものであろうし、どこかで起こる戦争も当然至る所の戦争を意味するだろう。局地戦争は不可能になろうし、あらゆる戦争は必ず世界全面戦争となろう。政治家の無分別が戦争を引き起こすかもしれないが、国際問題の本質に戦争を不可避にするものは何一つない。

実際に、ある特定の場所での平和の攪乱は、地球のあらゆる地域で平和を危うくするかもしれないし、しないかもしれない。また、ときとして二国間の局地戦争があった場合に、全般的な平和や自国にとっての平和を獲得する必要があるかもしれない。平和は、時空の条件に支配され、具体的な国家間の日常関係の中でさまざまな方法によって、いろいろな緊急事態の条件の下で、確立され、維持されなければならない。国際平和それ自体の問題は、哲学者にとってのみ存在する。政治技術の実践家にとっては、アメリカとアルゼンチン、イギリスとロシア、フランスとイタリア、ブルガリアとギリシャなどの、各国家間の平和の問題だけしかない。個々の国家間のすべての問題が、別の点で特定のときに戦争につながりうるが、そうした問題にとって適切な特定の方法によって平和のうちに解決される場合に、普遍的平和が歴史のこうした特定の時点で維持されるのである。新しい問題が起こり、再び平和を脅やかし、同様な解決を要求する。そこでもしそれらの解決が手近に用意されていれば、平和は再び維持されることになろう。

あらゆる他の社会問題と同様に、こうした社会問題の一時的かつ常に不確かな解決は、本質的に次のような三つの要因に左右される。第一は、社会的に認められる範囲内で人間本性の利己的傾向を押えることができる社会的圧力であり、第二は、不安全、恐怖、攻撃心のような社会抗争の心理的要因を極小化するに役立つ社会的均衡を生み出す生活条件であり、第三は、人間が、今ここで少なくとも正義への接近を期待でき、さらに正義を達成する手段として争いに代わる物を提供できる道徳風土である。

それら三つの要因を特定の社会問題に向けることとは、社会における理性の課題である。この課題は、現代文明に支配的な思考様式が進んで認める以上に非常に複雑であり、その遂行は極めて不透明で、不確かである。それというのも、合理主義哲学は社会に対する一元的な概念——理性、善、正義に対する無知、悪、不正（前者が必ず後者に勝利を収める）——に基づいているが、根原的な社会的事実は、理性と無知、善と悪、正と不正といった両者が混ざり合った、またどちらに変わるか不確かな状態の産物たる顕在的もしくは潜在的な抗争だからである。より好ましい主張が最終的に勝利を収める要因は、自ら勝利するためにその存在を思い出しさえすればよいような人間本性の生来の性向にあるのではない。それはまた、教育を通じて教えられるあらゆる知識に依存しているのでもない。それはむしろ、社会構成員の内面に、またその構成員の間にも作用する道徳的力と社会的力との闘争の結果である。ゲーテの明察が指摘するように、「人間は、改善しえない人間や環境の悪を改善しようとして時間を失い事態をさらに悪くするが、むしろ悪をいわば原料として受け入れ、その上でその相殺に努めなければならない」。

正義、幸福、制裁、報酬に対するより強い期待を伴なう人間に内在するこうした道徳的な力は勝利を収めるであろう。抗争する道徳的目標の勝利は、そうした要因の相対的な強さによって決定される。同様なことが社会行為についても当てはまる。活動中の社会は、権力、均衡、倫理の諸要素からなる圧力や対抗圧力の複雑な形態を示している。そこには膠着、勝利、敗北があるが、しかし明確に競争を決定し、一度で問題を処理する明快な解決が見られることは滅多になく、数世紀間にやっとあるくらいだ。敗北も勝利も仮のものであり、敗北は勝利への希望を導びき、また勝利は敗北への恐怖を導びく。対立する勢力の相対的な強さにおけるわずかな変化は、社会構造の常に変化する様式のためにいつも不確かなその地位を逆転させる可能性があるからである。

こうして理解される社会問題を処理するために必要なことは、現実的知識、一般的推論、「社会的技術者」の「正確な」解決などではない。現実的知識はイデオロギーの手段として有益かもしれず、そのイデオロギーによって相反する社会圧力はこの時代の科学的精神の前で自らを正当化し、決定の前後にその優位性を示している。そうしたことは実際上、統計や科学的備忘録の主要な政治的機能である。行動や抗争自体の決定にとってこの機能は極めて的外れである。それは時間的には、行動や決定に先行したり、追従したりする。臨機応変にそれは自身を飾り、隠し、練り上げる。しかし、この機能は行動や決定がなされる要素ではない。「社会工学」という考え方は、理性と社会との間に存在する関係を極めて単純化し、曲解することによって、繰り返し失敗せざるを得ない社会問題の解決に対する望みを抱かせる。的外れな社会行為によって、あるいはもっと悪いことに、圧倒的な社会的問題に直面して不作為やおざなりの行動という安易な楽観主義を助長することで、こうした考えは人間の社会に対する支配を推進させるよりは遅らせているのである。

政治家と技術者

社会行為に成功し、そこで「合理的」であるためには、違う種類の知識が必要になる。この知識は、単に確実な事実についての知識ではなく、それによって人間が社会で動く恒久法則の知識である。数学の法則以外には、身近に他の恒久法則は存在しない。人間が政治的動物であるというアリストテレスの真理は、永久に当てはまる。自然科学の真理というものは、他の真理が取って代わるまで正しいにすぎない。人間についてのこうした法則へのかぎは、その同質性が科学を法則に導くという事実にあるのではない。それは科学的人間以上の者が経験を人間本性の普遍的法則に高めた洞察と知識の中にある。科学的人間にすぎない者が、限られた有効性の原理を普遍化し、それを利用不可能な領域に適用する実際の独断論者となるのに対し、そうすることで彼は真の理性の代表として自分を確立する。それとともに科学的人間以上の者は真の現実主義者であることを立証する。彼こそ物事の真の本質を公平に扱うからである。

彼は、仮説的な前提や経験的な前提から結論を引き出したり、社会において事実以外あるいは理論以外何ももたない科学者に具体化される者ではない。彼は、社会の不測の事態に恒久法則の具現化を認める政治家の中に具体化される。エドマンド・バークは「ユニタリアン派の請願講演」の中で賢明にも次のように述べている。「政治家というものは大学の教授とは異なる。大学教授は社会についての一般的な見解しかもたないのに対し、政治家はこうした一般的な考え方と結びつき、考慮すべき多くの事情をもっている。それらの事情は無限であり、無限に結びつき、変わりやすくはかない。それらを考慮しない政治家は間違ってはいないが、完全に狂っている。——理性によって狂気を働く（*dat operam ut cum ratione insaniat*）——彼は哲学的に狂っている。政治家は決して原則を見失うことなく、情況によって導びかれるべきである。また、その時の急迫した情況に反する判断をしてしまうと、彼は自国を永久に滅ぼすかもしれない。」

科学者が自然の諸力についての自分の知識から新しい自然を生み出すように、政治家は人間の本質についての自分の知識から新しい社会を創造する。政治家の洞察力と賢明さは、対抗する諸力の配置状況や相対的強さを正確に評価し、いかに試験的であろうとも新しい配列の出現する形態を予想する。政治家は、当面の仕事に成功する保証はないし、また長期にわたる問題を解決する期待さえもっていない。アレキサンダー、シーザーとブルータス、ワシントンとリンカーン、ナポレオン、レーニン、そしてヒトラーを見よ。どのような定式も政治家に確証を与えないだろうし、どのような計算も危機を除去しないだろうし、どのような事実の蓄積も将来を切り開かないだろう。政治家の精神は科学の明白な確証に憧れるが、彼の現実の状態は科学者よりも博打打ちの状態に似ている。

政治家が必要として望むものと獲得できるものとの間の解決できない相違において、政治家はまさに社会的人間そのものの原型である。政治家が自己の得意の水準で経験することが、すべての人類の共通の運命だからである。政治家は、彼が達成できない自身の神聖なる運命と、彼がそのままでいられない自身の動物的本質との間につるされて、彼の精神の切望と彼の個人的な著しく人間的な悲劇としての現実的な条件との間の相違をいつまでも経験しなければならない。

別の言い方をすれば、あらゆる時代もこの悲劇の承認を避けようとする。とりわけその力や将来の展望が科学によって増大した時代には、ともすればこの恒久的な人間の刺激を一瞬忘れ、そしてそのもてる力が彼の野望に匹敵し、機械を支配するように人間の運命を支配する新しい人間を技術者にまで高めてしまう。しかし、それも一瞬であって、この瞬間は過ぎ去ってしまう。ヴィクトリア時代の愉しい幕間は終っている。運命は、人間に理性を通して自身がもつ能力についての経験を与えることによって、自身のもつ限界についての経験を長期にわたって与え続けてきた。昔からの怪獣《ヒュブリス》（傲慢）は、科学時代の新しい衣をつけて再び現われ、さらにイカロスが太陽に到達しようとして以来ずっとそうであったように、人間本性の限界を越えて自己を高めるために案出した手段そのものによって破壊されてきた。古い絶望もまた再現してきた。その絶望は激しい情熱や弱々しい情熱をもって、何一つない所で完全を求めたり、理性のみを受入れるかあるいは全く理性を拒絶する。さらにそれは、人間精神のより高度の能力を疑って科学の祭壇の上で十分な人間の人間的な遺産を犠牲にするか、そうでなければヘロドトスと共に「人類を苦しめるあらゆる悲しみの中で最もむごいものは、人間が多くのことを意識するはずなのに何一つ制御できないということだ」▼5と嘆き悲しむかである。

そして最後に、人間のアリステイア（武勲）が再現する。それは自らの存在と今以上の存在に向けての、自らの存在と今以上の存在となりうるかを知るための英雄的闘争である。宇宙の神秘に自らの理性を対抗させ、自身の精神の無知から後退することで、人間は揚々と自然の限界を看破し、自身の無限の欲望が生み出した社会的諸力に不幸にも向き合う。宇宙の諸力の間で巨人プロメテウスは、社会という大海の波間の一本の藁にすぎない。自然との闘いの中で、彼は神の如くである。同胞との闘いでは動物よりは強力であるが、さほど賢明ではない。彼は自然の知恵を社会の中で、見れども理解せず、触れども感じず、計れども判断しない科学に取り換えてきたからである。自然の知恵への盲目的安心を失うことで、彼は今も人間の知恵への小ざかしい不安を増大している。この不安の経験は人間存在の可能性を消耗させる生活の前提である。不安が理解されたり、時に抑えられる知恵の達成は、人間の可能性の実現である。

不安の条件が多様であるなら、知恵の方策も多様である。人間存在の不安が人間の知恵に挑むところは、運命と自己決定、必然と偶然の集合点である。さらにここは戦場であり、ここで人間は挑戦に応じ、仲間の人間たちの権力欲たる自然の営みや自身の精神の堕落と闘う。神や野獣とも違って、人間が武器の選択に誤りがちであるのは、彼が自己決定するためである。こうして科学的人間は権力政治の挑戦に直面する際に間違うのであり、さらに人間の自己決定は、他の手段でその闘いを更新するべく要求される。勝利の保証もなく自分に賭けて、人は闘争を続け、科学的真理の探究者よりは英雄となる。勝利と敗北の、生と死の絶え間ない変化の中で、決して終らず結着もないこうした闘争の上に、人間的自由の広大な空間に明滅しつつも決して消えずに、炎は燃え、光は輝く。人間の理性は創造し、この創造を通して人間自身の象徴たる科学的人間の、彼が何者であるか、どうあろうと望むか、彼の弱さと強さ、彼の自由と服従、彼の悲惨と崇高を浮き上がらせるのである。

訳者後記

本書は、Hans J. Morgenthau, *Scientific Man vs. Power Politics* (Chicago: The University of Chicago Press, 1946) の全訳である。

これは、「国際政治学の父」と呼ばれるモーゲンソーのアメリカでの処女作にして出世作であり、彼の主唱する現実主義政治哲学の体系的解説書になっている。

モーゲンソーは一九〇四年、ドイツ中部の歴史都市コーブルクに東欧系ユダヤ人、アシュケナジーの中流家庭に生まれた。当地のカシミリアヌム・ギムナジウム終了後、ベルリン、フランクフルト、ミュンヘンの大学に学び、卒業後は弁護士資格を取得して一九三〇年まで弁護士として活動した。一九三一年にフランクフルト大学の助手となり、翌三二年にジュネーヴ国際研究所で学究活動のかたわら、三二〜三五年はジュネーヴ大学政治学講師を務めている。

一九三七年にはナチスによる迫害を逃れてアメリカに移住。アメリカでは同年ニューヨークのブルックリン・カレッジで政治学講師となり、三九年からカンザスシティ大学で歴史学・法学・政治学の准教授として教育・研究を続け、四三年にアメリカ国籍を取得すると同時にシカゴ大学へ政治学の客員准教授として移籍し、四九年には教授に昇進。国際政治学の教育・研究のための確固たる土台を築いた。その後六七年からニューヨーク市立大学で教授を務め、八〇年七月に七十六歳で亡くなっている。その間、四九年以降、国務省と国防省の顧問としてアメリカの外交政策決定に関与している。ケネディ政権において外交顧問を務めたが、現実主義者の立場からアメリカの国益を損なうとしてヴェトナム戦争に反対したことによりジョンソン政権では解任されている。

モーゲンソーの仕事は国際関係論における政治的現実主義（リアリズム）の系譜に属するものであり、通常、ジョージ・ケナン、ラインホルト・ニーバーと並んで、第二次大戦以降のアメリカを代表する三人の政治的現実主義者の一人として評価を得て、国際政治学の教育界、学界、言論界、政治外交界に多大な影響力を及ぼしてきた。

その経歴から見ても、彼の国際政治理論は、現実との厳しいせめぎ合いの中から、独創的かつ体系的な現実主義的パラダイムとして生まれたのである。こうした独自の体系的リアリズムの構築を可能にしたのが、膨大な過去の政治家、哲学者、社会・自然科学者などの知識・思想・実践などの収集・分析である。本書はとりわけ、思想家や政治家たちの実践的知恵や政治技術の宝庫であることを強調してよい。

本書は、ウッドロー・ウィルソンに代表される自由主義的合理主義（liberal rationalism）の立場への批判の書であるが、政治的現実主義の観点から権力政治の現実を直視しようとするものであって、権力政治そのものを推奨するものでは決してない。

本書の哲学・理論を基に書かれた主要著作は下記のものがある。

・*Politics among Nations: The struggle for Power and Peace*（New York: Alfred A. Knopf, 1948）〔原彬久監訳『国際政治—権力と平和』第5版、（上）（中）（下）、岩波文庫、二〇一三年〕。
・*In Defense of the National Interest*（New York: Alfred A. Knopf, 1951）〔鈴木成高・湯川宏訳『世界政治と国家理性』、創文社、一九五四年〕。
・*Dilemmas of Politics*（Chicago: The University of Chicago Press, 1958）.
・*The Purpose of American Politics*（New York: Alfred A. Knopf, 1960）.
・*Politics In the Twentieth Century*, 3 vol.（Chicago: The University of Chicago Press, 1962）.
・*Vietnam and the United States*（Washington: Public Affairs Press, 1965）.
・*A New Foreign Policy for the United States*（New York: Council on Foreign Relations, 1969）.〔木村修三・山本義彰訳『アメリカ外交政策の刷新』、鹿島研究所出版会、一九七四年〕。
・*Truth and Power*（New York: Praeger Publisher, 1970）.
・*Science: Servant or Master?*（New York: American Library, 1972）.〈Perspectives in Humanism, Vol.10〉〔神谷不二監訳『人間にとって科学とは何か』講談社現代新書、一九

七五年〕。

モーゲンソーは本書で、まず現代の人びとが文明の危機に直面しており、それは合理主義の描く科学的人間のジレンマによることを解き明かしている。一方に、現代科学に代表されるように、現代の社会問題解決にあたっての理性の力への揺ぎない信頼があり、他方に、こうした問題解決に科学的理性が何度も失敗してきたことへの失望がある。

そのため現代文明を生み出し、それを支えもつ合理主義の自然科学モデルが構想する科学的人間という仮説のもたらすジレンマの批判的検討が何よりも必要となる。十七・八世紀および十九・二〇世紀を支配した思考様式は合理主義的前提に根ざしているが、それは、社会と自然の認識は同一の合理的方法を通じて明確に理解できるということであった。その合理的方法によって理解されたものは社会や自然の支配にとって有効であるという確信と、政治の領域での科学への信頼に根ざす思考様式は、自由主義的合理主義政治哲学に最も典型的なものだ。しかし、「合理主義の哲学は、人間の本質、社会の本質、そして理性自体の本質を誤解してきた。」（本書一四頁）。

政治哲学としての合理主義も、最も生々しい生物的・精神的側面が直接に表出しがちな政治の本質も、政治行為の本質を共に誤解してきた。ドイツやイタリアのみならずわれわれの中にも現れるファシズムの挑戦こそ、過去の教訓から理解した理性・進歩・平和の時代がすでに遺物となってしまったことを象徴的に確証している。

したがって、西欧文明の現状ばかりでなく、それを擁護する者の任務も、ファシズムの挑戦という経験から教訓を得ることができる。知的伝統としての哲学は静的なものであり、現実の生活は常に流動的である。人間は哲学と経験との矛盾に直面した場に生じた疑問に何らかの回答をすることなしには生きられない。その回答の一つがファシズムに他ならない。人間の本質を理解しなかったファシズムは実践哲学として失敗したが、西欧文明は再検討する機会を得ることになった。

そこで、現代の教条的科学主義を、合理主義以前の西欧文明の伝統に照らして再検討することが必要になる。世界は人間の理性と両立可能な法則が支配していると見る合理主義は、十六・七世紀からはじまる人間精神自体への確信を強化した経験から成育したものであるが、その経験が出現したのはまず自然界の領域であった。その後、この新しい思考方法を社会領域に広げ、合理性と普遍性の観点から物理学の法則に照応する社会の相互関係の自然法則を発見することが試みられた。

だが、この合理主義哲学が政治理論に変形され、興隆する中産階級と封建国家との抗争する状況のもとで実際の政治問題に適用されたことで、自由主義政治哲学は中産階級による法の支配や自由主義の制度、一連の社会改革などの主要な道徳的・知的・政治的武器となって、政治的勝利を収めた。その結果、こうした知的傾向は政治と科学と倫理を安易に同一化させることになり、合理主義（自由主義）哲学はその成立以来、国際場面でも同じ治療法を提起し、同じ論拠を提出してきた。

自由主義思想は、あたかも政治的要素が国際問題には存在しなかったかのように、あるいは近い将来消滅することになる国際関係のせいぜい偶然の特性であったかのように理解しており、いわば「政治なき外交政策」という見方はその国内経験によって導びかれるのである。この不干渉の対外政策は国際場面に移された自由放任という自由主義原理に他ならない。当然のことながら、そうした自由主義は本質的に平和主義的であり、防衛戦争だけが正当化されることになる。

モーゲンソーは、こうした自由主義哲学が本質的に政治を否定するという矛盾と問題を内包している条件をどのように克服しようとしてきたのかを、検討していく。結局、自由主義政治哲学は国際政治の本質の理解を妨げ、そして国際場面における知的行動のための正しくかつ適正な方向性を提示することができない。こうした根本的問題の基は、合理主義哲学は、人間理性を通じて自己と世界を理解できるし、また人間は自己の理解に従って行動できるという、政治の現実が自然科学の科学性によって解き明かすことが可能であるという誤った科学的アプローチにある。しかし、如何に科学的知識を量的に拡大しようと芸術や宗教や哲学が提起する永遠の課題を解決することはできないし、また「科学の時代」によっても、生と死、必然と偶然、物質と意識、人間と自然といった問題に解答を出すことはできない。

人間は本来、アリストテレスがいう政治的動物であり、合理的動物ではない。しかし人間は、人間であるがゆえに道徳的である。人間は生まれながらにして権力を求めるが、一方で現実の状況の中で他人の権力の奴隷になる。他方で権力の主人になろうとも望む。こうした人間の現実の状況と願望との間の不一致から、権力の道徳的問題である、人間が人間を支配する権力を正当化したり、制約したりする問題がつねに生じてくる。だが、人間の行動は合理的な力によってのみ変化させうるとの完全論の主張する倫理の力を信じる性向は、ウィルソン流アプローチの現代政治学において顕著な例となっている。しかし、個人自体は本来道徳的存在であるが、政治の社会は本来非道徳的である。この政治行動の非道徳性の問題について現代思想の主潮流は、政治行為から全く倫理的意味を奪うことはしないため、政治領域に一つの倫理があり、私的領域に別の倫理がある、という二重規範の問題が出てくる。

モーゲンソーは、そうした問題を抱える合理主義や自由主義の基礎をなす「科学的人間」像に代わって「権力的人間」像を提示するし、人間の本質を利己主義と権力欲に求める。「人間がすることやしようとすることはすべて、彼自身から出て再び彼自身に戻る。行為者の人格が、全て意図し、達成された行動の中に現われる。他方、全ての行動は積極的にも消極的にも他者に影響を及ぼす。」（本書二〇七頁）。もし自分の行動を通じて他者との関連性が避けられないものであれば、自分と他者との抗争も同様に避けられなくなる。個人は無私であっても、そのことで利己主義の拘束を決して完全には超えることはできない。完全なる利他性（善）に近づく行為でさえも、自己犠牲をするか、あるいは自己犠牲すれすれのレベルで行動するかによって、逆説的に悪を帯びることになるからだ。

このため考慮すべき重要な観点は、「抗争やそれに付随する悪の他の根源は、支配意志（animus dominandi）つまり権力欲に由来する。この権力欲は、他者に関して自身の存在範囲を維持したり、拡大したり、誇示したりしたいという願望として現われる。権力欲がどのような仮面をつけて現われようとも、その究極的本質と目的は、ある個人の他者に対する特定の関係においてである。

権力欲が他者との関係における行為者の人格に求められても、それはわれわれがこれまで語ってきた利己主義と密接に関係するが、利己主義とは同じものではない。」(本書二〇九頁)。食・住・安全などの利己主義の目標や、それらの目標を獲得する金・仕事・結婚などの手段は、個人の重要な必要条件と客観的関係があるからである。

その一方で、「権力欲は、個人の生存そのものと関係するのではなく、彼の生存がひとたび獲得された後でその同胞間における自身の地位と関係している。したがって、人間の利己主義には限界があるが、人間の権力意志には限界がない。人間の不可欠の要求は満足の可能性であるが、人間の権力欲は、最後の人が自分の支配対象となった場合にのみ、満たされるからである。」(本書二〇九―一〇頁)。利己主義には、目的本来の制約から生じる合理性の要素があるが、権力意志にはそれがない。そうした権力欲の無限性は人間精神の一般的性質を物語っている。政治の本質と目的が人間に対する権力支配であることから、政治は本来悪である。政治が人間を他者の手段にまで堕落させるのは、ここにその根源があるからなのだ。「政治とは人間に対する支配をめぐる権力闘争であり、その究極目標がたとえ何であれ、権力は直接目的であり、権力を獲得し、維持し、また誇示する様式が、政治行動の技術を決定するのである。」(本書二一二頁)。

権力の悪がどのような内容かに関係なく、人間はそれから逃がれることはできないのであって、政治の倫理とはまさしく悪を行う倫理である。したがって、悪の存在が不可避である以上、とるべき最後の手段はいくつかの可能な行動の中でより小さい悪を選択する努力である。すなわち、政治はより小さい悪の選択を廻って展開されることになる。そのため政治行動の悪に対してそれを否定するような単純かつ正義の祈願は、掲げられた正義自体（そのもの）を茶番にする。科学も、倫理も、また政治でも、政治と倫理の対立を解決できない以上、人間には権力か公益かという選択の余地はない。したがって、政治行為を成功させるのはより小さい悪を選択する政治的知恵である。政治的知恵・勇気・判断が絡み合って、人間は自身の政治的特性と道徳的運命とを調和させることができる。

こうして、モーゲンソーは現実主義が描く政治的人間（権力的人間）ではなく、合理主義の描く科学的人間がいかに悲劇を避けられないかを改めて解き明かしていく。何よりも合理主義の内包する問題は、それが人生の不条理についての悲劇的意味しか与えることしかできないということだ。「合理主義は、人間の本質、世界の本質、理性それ自体の本質を誤解している。合理主義は、隅々まで理性に支配された世界、残存する非理性の遺物をいづれは必ず排除する自律し自足した力を考える。そのため、悪は単に消極的なものであって、善である存在の不在を意味する。悪は、単に理性の欠如とみなされるし、理性自身自体の固有の性質に基づく積極的解決は無力である。」（本書二二二頁）。

合理主義以前の時代は、この世界をめぐって二つの勢力が存在する、神と悪魔、生と死、明と暗、善と悪、理性と感情などの存在を認識していた。それぞれ二つの勢力の間で未解決のこれまでの未決の闘争から、人生に対する悲劇的感覚と呼ばれるものの根源の一つである、物事の本質に固有であると共に人間理性が解決するには無力な、解き得ない不一致、矛盾、抗争などに対する認識が生まれる。

また、合理主義が抱えている問題は、合理的な科学的知識が本質的に社会行為に固有の不確実性を忘れていることだ。合理的な科学的知識は本質的に、人間の社会行為の確実性に基づいている。科学的人間は、多くの無関係な事実を前提とする科学的知識を重視し、真に関係する事実に基づく知識を無視し、また否定しきっている。そのため人間社会の本質を解き明かすことができない。人間の社会活動に関係を再考する場合には、政治問題や社会問題と自然科学が扱う問題との間に存在する基本的な区別を認識することから出発する必要がある。モーゲンソーは、そうした必要に応えることができるのはどのような具体的人間であるかを問う。

そうした具体的人間は何よりも、次のような知識の在り方を認識し、模索していく人間でなければならない。「社会行為に成功し、そこで『合理的』であるためには、違う種類の知識が必要になる。この知識は、単に確実な事実についての知識ではなく、それによって人間が社会で動く恒久法則の知識である。数学の法則以外には、身近に他の、恒久法則は存在しない。人間が政治的動物であるというアリストテレスの真理は、永久に当てはまる。」(本書二三八頁)。自然と異なり人間についてのそうした法則の知識へのカギは、科学的人間以上のものが、自らの経験を人間本性の普遍的法則に高めた洞察と分別の中に存在している。その科学的人間以上の者とは政治家である。政治家は人間の本質についての自分の知識から新しい社会を創造することができる。恒久的な人間の本質を忘れて、機械を支配するように人間の運命を支配する技術家ではだめなのだ。人間は、同胞たちの権力欲たる自然の営みや自身の精神の堕落と闘う。その時に武器の選択を誤りがちだが、科学的人間は権力政治に直面する際に間違いを犯してしまう。人間にとって権力闘争を不可避と認識して、それを否定もしくは克服する武器で対応するのではなく、より悪の小さい権力闘争を選択できる政治家こそ必要なのだ。

モーゲンソーは、本書を書く目的としてうたっているように、時代を超えて作用する政治の現実を規定する恒久法則、人間の政治行動の一般的・普遍的法則の抽出を試みた。その際、合理主義や自由主義哲学の描く合理的な「科学的人間」像に代って、本質的に権力を求める人間の本質に基づく「権力的人間」(「政治的人間」)像を中核として一般的な政治世界の冷徹な現実とその一般的原因を探り出し、現実主義的政治哲学のパラダイムを構築している。ここに提示された現実主義理論の理論的枠組みの提示は七十年前と古いものの、その現実主義理論は今日でも国際政治学や国際関係論に大きな影響力をもち合わせている。現実政治のパラダイムは現在でも国家利益を普遍的理念に隠して権力追求を行ったり、また排他的に自国の利益のみを追求する行動様式を平和や正義、自由、平等、イデオロギーによって自己を正当化する、国際社会の普遍的現実は今も昔も変わらないからである。彼の現実主義哲学は、具体的な国際政治現象に関してというよりも、厳しい現実の世界をより正確に見据えるための姿勢であり、方法であり、目的である。それはまた、イデオロギーや耳触りのよい理念の見掛に目眩まされることなく、現実政治を冷静に見据えるための指標でもある。そして、不透明で、危機的な現実を正確に描き、適切に説明し、妥当に将来を予測し、人間にとってより好ましい世界を構築する政策や方策の処方箋を提示する大きな一つの可能性をもち続けている。今日のグローバル政治が展開する中で、ますますその政治の現実が不透明で、さまざまなグローバルな危機に直面しているわれわれにとって、モーゲンソーの現実主義哲学は変わらず現実を解き明かす一つの手係りとなると思われる。

最後に訳者について。二人は早大「国際政治研究室」院生時代の同窓生。かつての教科書的基礎文献に協力してとり組む機会を得たことは、思いがけぬ幸運であった。

二〇一八年二月

訳者

of David Hume (Boston: Little, Brown & Co., 1854), IV, 229.
4 "Remarks at the Peace Banquet," *Memories and Studies* (New York: Longmans, Green & Co., 1917), pp. 299, 300.
5 (New York: Charles Scribner's Sons, 1934), p. 80.
6 *Science and Politics in the Ancient World* (London: G. Allen & Unwin, Ltd, 1939), p. 74.
(G. Myrdal, *An American Dilemma* 〈New York: Harper & Bros., 1944〉 II, Appendixes 1 and 2 の中に、社会科学の非合理的決定の最もすばらしい最近の議論が見出せる。この理論的洞察にもかかわらず、著者は彼の実践的関心によって、「社会工学」との共通の哲学を受け入れる気持をもっている。)

第七章
1 "The Problem of Communicating Ideas through Formal Education and through Popular Mass Education," Fifth Conference on Science, Philosophy and Religion, *Approaches to National Unity* (New York, 1945), pp. 834-35.
2 *Time,* XLV, No. 6 (February 5, 1945), 36.
3 *Politics* ii. 7. 1267a.
4 *Voyages of Peter Esprit Radisson* (Boston: Prince Society, 1885), p. 198.
5 Stuart Cloete, *Against These Three* (Boston: Houghton Mifflin Co., 1945), p. 186. に引用。
6 *Germany and Europe* (New York: Randon House, 1944), p. 42.
7 "The End of Machiavellianism," *Review of Politics,* IV (1942), 1 ff.
(この章の主題は、ラインホルト・ニーバーの著書の中で最も明確に扱われてきている)。

第八章
1 *Politics* iii. 16. 1287b.
2 *Miscellanies Literary and Historical* (London: Hodder & Stoughton, Ltd., 1921), II, 217.
3 Catherine Drinker Bowen, *Yankee from Olympus* (Boston: Little, Brown & Co., 1945), p. 327.
4 "Mores of the Present and Future," in *War and Other Essays* (New Haven: Yale University Press, 1911), p. 159.
5 *History* ix. 16.

最後まで少年だった」。
3 "Liberty and Responsibility," in *Earth Hunger and Other Essays* (New Haven: Yale University Press, 1913) p.218.
4 "Advancing Social and Political Organization in the United States," in *The Challenge of Facts and Other Essays* (New Haven: Yale University Press, 1914), p. 340.
5 *Holmes-Pollock Letters,* I (Cambridge: Harvard University Press, 1941), 163.
6 "Democracy and Plutocracy," *op. cit.* [page 127, line 15], p. 283.
7 C. E. Ayres, *Science: The False Messiah* (Indianapolis: Bobbs-Merrill Co., 1927), 随所を参照。
8 *The Nature of the Physical World* (New York: Macmillan Co., 1930), p. 291 and cf. also pp. 247 ff.; Sir James Jeans, *The Universe around Us* (New York: Macmillan Co., 1931), pp. 119 ff.; J. W. N. Sullivan, *Science: A New Outline* (New York: T. Nelson & Sons, 1935), p. 155; and Alfred North Whitehead, *The Concept of Nature* (Cambridge: at the University Press, 1920), pp. 147 ff., 169 ff.
9 "Common Sense and the Universe," *Atlantic Monthly,* CLXIX, No. 5 (May, 1942), 334.
10 L. T. Moore, *The Limitations of Science* (1915), passim.
11 *Op. cit.* [page 132, line 28], pp. 228, 229, 344.
12 *The Limitations of Science* (New York: Viking Press, 1933), p. 103.
13 *Op. cit.* [page 132, line 28], p. 163.
14 *The New Background of Science* (New York: Macmillan Co., 1933), p. 257.
15 *Op. cit* [page 32, line 28], pp. 300, 301; cf. also Jeans, *op. cit.* [page 135, line 16], pp. 224 ff.
16 *Op. cit* [page 132, line 28], pp. 288, 289.
17 *Ibid.,* p. 295.
18 *Op. cit.* [page 135, line 16], p. 235.
19 *Op. cit.* [page 132, line 28], p. 310.
20 *The Philosophy of Physics* (New York: W. W. Norton & Co., 1936), pp. 79, 80.
21 *Time,* XLIII, No. 5 (January 31, 1944), 28.
22 *Modern Equity* (1943), p.10. Charles E. Merriam, *Systematic Politics* (Chicago: University of Chicago Press, 1945) の中で、政治学の全範囲が、体系的に調査され、評価されている。James Hart, *The Ordinance Making Powers of the President of the United States* (Baltimore: Johns Hopkins Press, 1925), pp. 264, 265. において、政治的問題についての科学的対処の〈いかに格言的であろうとも〉優れた議論がある。

第六章

1 *Ethica Nicomachea* vi. 1139a.
2 *A Treatise of Human Nature* (London: Longmans, Green & Co., 1886), II, 195.
3 "An Enquiry Concerning the Principles of Morals," *The Philosophical Works*

じられなかったほとんどすべての悪が二〇年の期間内に起こるようになった。この思考体系は人間や国家の本質および性向に関するいくつかの誤まった考え方に基礎を置いたようだし、あるいはもしその説明が妥当しないならば、インターナショナリストは自己のめざす目標への正確な「アプローチ」を採用しなかったようだ。世界に対する彼らのイメージはその現実と十分正確に一致していなかった。あるいは彼らの方法は技術の点で不十分であった。彼らは自己の失敗を人間や国家の狂気のせいにできたし、また彼らのある者はそうしたのであるが、それは彼らの以前の前提や行動が計算の誤まりに基礎を置いていたという告白であった。とにかくこうした意見は、もしすべての非難が世界の最大のスケープ・ゴーツとしてアメリカ人に置かれるべきでないとするならば、同一のものであった。」

34 *The Way of Peace* (London: P. Allen & Co., Ltd., 1928), p. 75.

35 October 5, 1940, p. 2.

36 "Observations of Condorcet on the Twenty-ninth Book of The Spirit of Laws," in Destutt de Tracy, *A Commentary and Review of Montesquieu's Spirit of Laws* (1811) 一八一九年のフランス語版の序文によると、この本はジェファーソンのために書かれ、また一八一七年のフランス版の序文によれば、ウイリアムとメリー大学やその他のいくつかのアメリカの大学における教科書として使用された。教科書の翻訳は一八一九年版からなされている (Paris: T. Desoer), p. 420.

37 "The Fundamental Law Behind the Constitution of the United States," *The Constitution Reconsidered,* edited by Conyers Read (New York: Columbia University Press, 1938), p. 5.

38 *War Thoughts in Peace Time* (London: Oxford University Press, 1931), pp. 26, 27.

39 *It Is Later than You Think* (New York: Viking Press, 1939), p. 18.

40 "The Rejection of Liberalism," *University of California Chronicle,* XXXI (1929), 232.

41 大陸行政法の偉大なる開拓者であるローレンツ・フォン・シュタインは、国際法の国際行政法への変容を描くことによって、さらに一層その類似点を追求している。*Handbuch der Verwa Hungslebre der Verwaltungslehre* (2d ed., Stuttgart: J. C. Cotta, 1876), p. 97, 参照。

(この章に扱われているいろいろな題目については Quincy Wright, *A Study of War* 〈Chicago: University of Chicago Press, 1942〉 の随所を参照)。

第五章

1 *Op. cit.* [page 13, line 31], p. 350.

2 *The Age of Reform, 1815-1870* (Oxford: Oxford University Press, 1938), p. 34. John Stuart Mill, *Dissertations and Discussions: Political, Philosophical, and Historical,* I (New York: Henry Holt & Co., 1873), 379, 380 も参照。「彼は内的経験も外的経験もなかった。彼は、病気の経験さえまるでしなかった。……彼は落胆も、心の痛みも知らなかった。彼は生活がつらい疲れた重荷と決して感じなかった。彼は

限りにおいてである。（しかしながら、その支配国は製造独占の永久権を自然を支配する力によって受けたのではなく、その国は単に時間的に見て他国を越えて進歩をしただけなのだ）。こうした観点から考察される保護貿易制度は、諸国家の最終的連合を助長し、さらに真の貿易の自由を促進する最も有効な手段であるようだ。また、国民経済はこの観点からすれば、次のような科学と思われる。この科学は、現存する利益や諸国家の個々の事情を正確に認識し、いかにすべての個々の国々が等しく十分に発展した他国と連合しうる工業発展の段階にまで高められうるのか、さらに貿易の自由が国家にとっていかに可能となり、有益となるかを教える。」

20 *Lectures on History and General Policy* (1788), p. 499.

21 *The Works of Benjamin Franklin on Philosophy, Politics, and Morals,* IV (Philadelphia: W. Duane, 1809), 215, 216.

22 Letter to B. Vaughan, July 10, 1782, *ibid.,* VI (1817), 483.

23 "Idée générale de la revolution au dix-neuvième siecle," *op. cit.* [page 78, line 11], p. 300.

24 "Pacifism: Its Personal and Social Implications," in Gooch, *op. cit.* [page 14, line 24], pp. 61, 63.

25 *Union Now with Britain* (New York: Harper & Bros., 1941), p. 197.

26 *Knowledge for What?* (Princeton: Princeton University Press, 1939), p. 241.

27 Louis Bara, *La Science de la paix* (1872).

28 詳しくは Charles Dupuis, *Le Principe d'equilibre et le Concert Européen* (Paris: Perrin et Cie, 1909), pp. 38 以下, 60以下参照。

29 "Pacifism: Its Meaning and Its Task," in Gooch, *op.cit.* [page 14, line 24], pp. 22, 23.

30 Beard, *op. cit.* [page 63, line 9], pp. 98, 99 参照。「新しい関心から、国際法や外交の研究は学習制度において奨励された。国際関係課程が外交旧課程——冷静な学者らしい仕事であるが——に取って代わり、前者の課程は世界平和とそれを促進する手段として強調された。講話に関する著書、パンフレット、論文がしばしば平和財団からの助成金を受けて書かれ、出版され、広く配布されたのである。国際平和会議が組織され、旅行の機会を提供し、講演を拡大した。たまに大学学長、教授、牧師、女性の中の指導者たちは、そうした特権を享受し、一般大衆からそうした著しい敬意を受けた。それは、あたかも有益と特異性の新時代が大きな問題分野において彼らに開放されたようだったし、また彼らがその機会を十分重んじたのである。

31 *Emancipate Your Colonies* (London: Robert Heward, 1830).

32 In the letter of 1842 to Henry Ashworth, *loc. cit.* [page 81. line 30].

33 一八七七年にさかのぼると、ジェームス・ロリマーは、"Le problème final du droit international," *Revue de droit international et de législation comparée,* IX (1877), 184 の中で書くことができた。「しかしながら、十分不思議にも、全体として見ればイギリスの功利主義のこうした考察は、実践的観点からすれば私が最低の有益さしか知らない主題についての論文に全く属する」。Beard, *op. cit.* [page 63, line 9] p.129 も参照。「一九一九年にはインターナショナリストのイデオロギーにおいて信

1939), p. 30.

8 *Ibid.,* pp. 34, 35.

9 *Liberalismus* (1927), p. 95.

10 *Political Economy,* Book III, chap. xviii, §5 (5th ed. [New York: D. Appleton & Co., 1864], II, 136).

11 "Deuxième mémoire sur la propriété," *op. cit.* [page 78, line 11], I (1867), 248.

12 *Speeches by Richard Cobden,* I (London: Macmillan & Co., 1870), 79.

13 *Political Writings* (New York: D. Appleton & Co., 1867), II, 110.

14 Letter of April 12, 1842, to Henry Ashworth, quoted in John Morley, *Life of Richard Cobden* (Boston: Roberts Bros., 1881), p. 154.

15 *Loc. cit.* [page 78, line 4].

16 *The Liberal Gospel as Set Forth in the Writings of William Ellery Channing,* edited by Charles H. Lyttle (Boston, 1925), p. 217.

17 Christian Lange, "Histoire de la doctrine pacifique et de son influence sur le développement du droit international," *Hague Academy: Recueil des cours,* XIII (1926), 399 による。

18 *The National System of Political Economy* (New York: Longmans, Green & Co., 1904), p. 295.

19 このことはすでにリスト (*ibid.,* pp. 102, 103) によって認められた。「……ただその学派だけが、国民性の特性やその特殊な利益と条件の特質を考慮せず、またそれらを世界連合の構造や恒久平和と一致させることを怠った。」「通俗の学派は、今までに存在するようになるべき事態を実際に存在するものとして仮定した。それは、世界連合の存在や恒久平和の状態を仮定し、そしてそこから自由貿易の膨大な利益を推論する。このようなやり方で通俗の学派は原因と結果とを混同する。すでに政治的に合併された地方や国の間に、恒久平和の状態が存在し、この政治連合から商業連合が生まれる。そして、商業連合が地方や国の政治連合にとって極めて有益なものとなったのは、こうして維持される恒久平和の結果の中にこそある。歴史が示しうるすべての例は、政治連合がその道を導びき、そして商業連合が従った例である。後者がリードし、前者がそれから次第に発達してきたという例は一つなりとも提示することができない。しかしながら、この世界に存在する条件の下で全般的な自由貿易の結果が、世界的共和国ではなく、反対に優越的な生産・通商・海軍力の支配権への後進諸国の全般的な従属であろうことは、極めて強力な理由からの結論であり、またわれわれの見解によれば否定しえないものである。世界共和国（ヘンリー四世やアベ・ド・サン=ピエールの意味において）、つまり諸国家が自らの間で同一の権利条項を認め、また自己救済手段を放棄する地上の諸国家からなる連合は、もし大多数の国民が工業、文明、政治的教化、権力に関し可能な限りほぼ同じ発達度ならば、はじめて実現されうるだろう。この連合の漸進的形成と共にのみ自由貿易が発達しうるのであり、この連合の結果としてのみ、自由貿易は政治的に併合されている地方や国々によって今は経験上獲得している同一の大きな利益をすべての国に提供できる。保護貿易制度が認められるのは、文明のずっと遅れている国々がその支配国に等しい条件をもつ唯一の手段を形成する

23　トーマス・ヒル・グリーンは、*Lectures on the Principles of Political Obligation* (London: Longmans, Green & Co., 1895), pp. 170 以下 でこの点について最も完全な形で自由主義哲学を公式化した。Ralston, *op. cit.* [page 43, line 18], pp. 164, 169. も参照。「統治の科学に見られる世界的進歩の現在の条件の中で、われわれは少なくとも当分、政治における最後の言葉として民主主義的原理を受け入れてきた。われわれはいかにそれが一般人のためになるかに注目している。しかしながら、今日まで民主主義の諸原理は国際舞台に適用されてきた。国家は独裁的でもあり、それ以上の優越者を許さない。その結果は、われわれが民主主義的表現の成長から生じることを期待する権利をもった善を大いに腐敗させてしまった。そこで、もしわれわれが国際的に進歩しようと望むならば、諸条件は逆転されねばならない。専制主義的な法や独裁主義的な法が民主主義を害することを許すのに代って、民主主義は、今日間違って国際法と呼ばれているものの領域を浄化するための明白な好機を与えられるべきだ。民主主義はその浄化を、古い国際法の示唆を厳しく排除することによって、また民主主義が、人間と人間との間に存在しまた適切なものとして認める正義と不正義とについての基本的原理に基づいて国家がそれ自身の法を形成することによって、はじめて達成することができる。

24　*The Voice of Austria,* I, No. II (May, 1942), 4.

25　*Op. cit.* [page 45, line 17], p. 172.

26　*On Compromise* (London: Macmillan & Co., 1923), pp. 6, 7.

27　*London Evening Standard,* June 26, 1936.

28　Hans J. Morgenthau, "National Socialist Doctrine of World Organization," *Proceedings of the Seventh Conference of Teachers of International Law and Related Subjects* (Washington: Carnegie Endowment of International Peace, 1941), pp. 103 以下参照。

第四章

1　*L'Ordre naturel et essential des sociétiés politiques* (1767), as quoted by Kingsley Martin, *op. cit.* [page 13, line 16], p. 231.

2　*Op. cit.* [page 12, line 18], p. 961.

3　*Op. cit.* [page 62, line 13], "Tractatus politicus," chap. viii §31, ヴィーコは、彼が「スッラ」の中で語った際に、スピノザの思想のこうした全般的傾向について十分に知っていた。*Opere di gio. Battista Vico* (Firenze: Poligrafia Italiana,1947), I PartI, 73:「ベネディクト・スピノザは、すべてが商人からなる社会としての国家について語っている。」

4　*Le Globe* (Paris), January 20 and 31 and February 5, 1832.

5　"Idée générale de la révolution au dix-neuvième siècle," *Oeuvres complètes,* IX (1868), 298; Proudhon, *La Guerre et la paix* (Paris: E. Dentu, 1861) も参照。

6　*Loc. cit.* [page 47, line 8].

7　*Wealth, Welfare or War; the Changing Role of Economics in National Policy* (Paris: International Institute of Intellectual Cooperation, League of Nations,

などの基本的な土台は、ますます普遍的になりつつある。……苦痛や死——人々の生命はわれわれ自身と等しいが——に耳を貸さない人々を非難することをためらうのは、現代の行動の主因である。」

4 Leges i. 638；Eduard Meyer, *Geschichte des Altertums* (Stuttgart: J. G. Cotta, 1902), Vol V, §922.

5 *Letters écrites de la montagne* (1764), Part II, Letter VII, op. cit. [page 40, line 20], VII, 407.

6 Marcel Thiébaut, *En lisant Léon Blum* (Paris: Gallimard, 1937), p. 186.

7 F. Th. Bratranek, *Goethes Briefwechsel mit den Gebrudern von Humboldt* (Leipzig: F. A. Brockhaus, 1876), p. 49.

8 A. C. F. Beales, *A Short History of English Liberalism* (1913), p. 195. に引用。

9 *Secret Diplomacy* (New York: Harcourt, Brace & Co., 1922), p. 15.

10 *The Principles of Sociology* (New York: D. Appleton & Co., 1899), Vol. II, Part V, chaps. xvii-xix, 参照。

11 Guglielmo Ferrero, *Militarism* (London: Ward, Lock & Co., Ltd., 1902), pp. 317, 318. 著名なイタリアの歴史家は、このような典型的に自由主義的な議論を続けている。「ただ愚行のいくつかの発生のみが、あるヨーロッパの政府から別の政府へ伝染的に伝達され、植民地支配の問題をめぐって戦争を再びあおることになった。またそのため、支配階級の間で、真理のより明白な、またより深い理解をもたらす目的から知的な宣伝の必要性が起こるのである。」

12 *Liberalism* (New York: Henry Holt & Co., 1911), p. 44.

13 “Fragments politiques,” *Oeuvres complétes* (Paris: Garnier Frères, 1875), IV, 42.

14 *Perpetual Peace,* translated by Campbell Smith (New York: Macmillan Co., 1917), p. 157.

15 *Diaries of John Bright* (April 11 and 18, 1854), edited by R. A. J. Walling (New York: William Morrow & Co., 1931), pp. 168, 169.

16 *Constitutionalism and the Changing World* (New York: Macmillan Co., 1939), p. 286.

17 例えば、Zinoviev and Lenin, *Socialism and War* (London: Martin Lawrence, Ltd., 1931) 参照。このマルクス主義の条件づき戦争として理解されるか、あるいは資本主義に対する社会主義戦争として理解されるかに従って、第二次大戦に対する共産主義インターナショナルの変化する態度の中に十分に例証された。

18 *Les hommes maladies de la paix* (Paris, 1933), p. 7.

19 Marx and Engels, *Historisch-kritische Gesamtausgabe,* edited by D. Ryazanov, Part III,“Correspondence,”II (Berlin: Marx-Engels Verlag, 1929-31), 157.

20 *Histoire du Cardinal de Richelieu* (Paris: Firmin-Didot, 1903), II, Part II, 487.

21 *The Chief Works of Benedict de Spinoza* (London: George Bell & Sons, 1909), Vol. I, “Tractatus teologico-politicus,” chap. xviii, and “Tractatus politicus,” chap. vii, §5.

者は頑固にも、ある新しい政府形態やある改良された政治的信条が、義務を怠たる国を自覚させ、異なったより好ましき形態の行動を起こさせるだろうと望んでいる。再三そうした望みは幻想であると判明したが、アイデアリストはなお、イデオロギー的万能薬を作り上げ続けている。」

32 *Studies in Law and Politics* (New Haven: Yale University Press, 1932), p. 29.

33 *The Heavenly City of the Eighteenth Century Philosophers* (New Haven: Yale University Press, 1932), p. 102.

34 *Collected Legal Papers* (New York: Harcourt, Brace & Howe, 1920), p. 139.

35 *Science and the Modern World* (New York: Macmillan Co., 1926), pp. 288, 289.

36 "Jugement sur le projet de paix perpetuelle de M. l'Abbe de Saint-Pierre" and "Extrait du projet de paix perpetuelle de M. l'Abbe de Saint-Pierre," *Oeuvres completes,* VI (Paris: Dalibon, 1826), 397 ff., 440 ff.

第三章

1 例えば次を参照せよ。Walter Lippmann, *An Inquiry into the Principles of the Good Society* (Boston: Little, Brown & Co., 1937), p. 151,「第一次大戦後の集団安全保障体制は、十九世紀の先入観の上で行動するイギリスおよびアメリカの政治評論家や政治家によって工夫された。Jan Smuts, *The Future of the League* (Geneva, 1938), p.4,「連盟規約に……われわれは人類進歩の偉大な成果の一つである自由主義・民主主義社会のこうした見解を世界問題に単純に持ち込んでいる。」William Y. Elliott, *The Pragmatic Revolt in Politics* (New York: Macmillan Co., 1928), p. 313,「第二次大戦直後の時期は、その頂点で参政権の拡張をもたらしたが、国際問題における民族自決やウィルソン流自由主義のドグマの負担をも経験した。確かに、その教義は実際の平和解決において多少の奇妙な実態をこうむりはしたが、それは一部に影響を及ぼした。国際連盟や常設国際司法裁判所は、国際問題におけるこの自由主義精神のもっている力に対する事実上の証拠として有効である」。A C. F. Beales, *The History of Peace* (London: G. Bell and Sons, Ltd., 1931), p. v,「平和と戦争についての今日通用しているどの単一的な考え方も一世紀以前にも組織的団体によって唱道されていたということ、また今日の平和運動の世界的規模の拡散の道をたどれば、ナポレオン戦争の終了時にイギリスとアメリカにおける無視された少数のクエーカー教徒にまで一挙に戻ることができることを知って私は驚いた。……一八七八年後に、平和の歴史は国際関係史の欠くことのできない部分となっている。また仲裁や軍縮は、かつては二、三の奇人の妙案であったが、今では外交の共通政策となっている。」

2 "Principles of Penal Law," *Works* (1843), I, 653.

3 こうした思想の代表例は、Jackson Harvey Ralston, *Democracy's International Law* (Washington: J. Byrne & Co., 1922), p. 146. の中に見出すことができる。「世界の民主化は支配者の私的野心の実行を極小化した。大衆の成長、彼らの増大する情報や交流によって、大衆は世界の効果の多い仕事場においてすべての人間を全く共同者——敵対的な対抗者ではなく友好的に——として尊重するようになっている。……人間性は変らないが、礼儀正しさまたそのことや同情、共通の必要条件に対する認識

8 Plato *Menon* 82b-86e.

9 Georges Weulersse, *Le Movement physiocratique en France (de 1756 a 1770),* II (1910), 123に引用。

10 *Einige Vorlesungen über die Bestimmung des Gelehrten* (Jena and Leipzig: Christian Ernst Gabler, 1794), p. 33.

11 *Abrams v. U.S.,* 250 U.S. 616 (1919)に見られる異見。

12 ここでも再びアベ・ド・サン＝ピエールが先駆者である。Martin, *op. cit.* [page 13, line 16], p. 280.参照。

13 "Authority and Resistance to Social Change," *School and Society, LIV* (1936), 464.

14 *Op. cit.* [page 12, line 18], p. 835; pp. 848, 849, 901, and 902.も参照。

15 *The Social Problems of an Industrial Civilization* (Cambridge: Harvard University Press, 1945), pp. 32, 33.

16 "Politics," *Columbia University Lectures on Science, Philosophy, and Art, 1907-1908* (New York: Columbia University Press, 1908), p. 32.

17 *The Challenge to Democracy* (London: George Allen & Unwin, Ltd., 1934), p. 226 and passim.

18 *Human Nature and Conduct* (New York: Henry Holt & Co., 1930), p. 10.

19 *Darwin, Marx, Wagner* (Boston: Little, Brown & Co., 1941), pp. 343, 344.

20 *Christianity and Power Politics* (New York: Charles Scribner's Sons, 1940), p. 6.

21 H. Baumgarten, "German Liberalism: A Self-criticism," *Preussische Jahrbücher,* XVIII (1866), 576, 577.

22 "Challenge to Action," *New Republic,* CVII, No.23 (December 7, 1942), 733.

23 *The Humanizing of Knowledge* (New York: George H. Doran Co., 1923), pp. 73, 74. *The New History* (New York: Macmillan Co., 1912), とくにpp.236 ff., and *The Mind in the Making* (New York: Harper & Bros., 1921) も参照。

24 *Applied Sociology* (New York: Ginn & Co., 1906), p. 339.

25 (New York: W. W. Norton & Co., 1941), p. 448.

26 "The Free Press Cartel," *Common Sense,* XIV (May, 1945), 37.

27 とくに *Man and Society in an Age of Reconstruction* (New York: Harcourt Brace & Co., 1940) 参照。

28 *Planning for America* (New York: Henry Holt & Co., 1941), pp. 4, 34.

29 *Time,* XXXVII, No. 1 (January 6, 1941), 36による。

30 *Critical Miscellanies,* II (London: Macmillan & Co., 1886), 232, 233.

31 次を比較せよ。Morley, *ibid.,* p. 219.「ひとことでいうと、彼ら（十八世紀の哲学者）は、歴史の助けを借りずに社会を理解しようとした。その結果彼らは、真理が単に相対的・条件的であるときに、自分たちが絶対的・固定的なものとして発見した真理を主張した。Earnest Albert Hoton, *Why Men Behave Like Apes and Vice Versa* (Princeton: Princeton University Press, 1940), p. 165も参照。「政治的・社会的改革

原注

第一章

1　*The American Commonwealth* (New York: Macmillan Co., 1907), p. 306.

2　合理主義と科学主義との関係については、George H. Sabine, *History of political Theory* (New Yourk: Hensy Holt & Co., 1937), p.573参照。「しかし、いわば、この経験主義は、およそ合理主義の偏見をもっている。すなわちそれは全知の欠点をもち、単純化を切望している。それは、事実を求めたものの、事実が予定した言葉を語るべきだと主張したのである。功利の新しい倫理学や経済学でさえ社会理論への主要な付加物であったが、明らかにこの理由のために論理的に一貫していなかった。それらは、人間の動機についての経験的理論に基礎を置くことを公言したが、科学的証拠がこれまで与えられなかった自然の調和を前提としていた。こうして、十八世紀の一般的思想は、実際にそれが半分だけ実践された哲学を繰り返したのである。」

3　Alfred North Whitehead, *Science and the Modern World* (New York: Macmillan Co., 1926), p. 86.

（この章の全般的問題については、Paul Weiss, *Reality* (Princeton: Princeton University Press, 1938) の第１章を参照)。

第二章

1　*Human Nature and the Social Order* (New York: Macmillan Co., 1940), p. 957.

2　*Essai sur le principe générateur des institutions politiques* (Paris: Société typographique, 1814), chap. viii.

3　*Ecclesiastical Polity,* Book Ⅰ, chap. viii, §9, in *The Works of Mr. Richard Hooker* (Oxford: Oxford University Press, 1888), Ⅰ, 233.

4　Kingsley Martin, *French Liberal Thought in the Eighteenth Century* (Boston: Little, Brown & Co., 1929), p. 61.

5　悪をそれ自身のいかなる自律力をもたない、単なる善の否定とするこうした考え方は、悪についてのアウグスティヌスの世俗的解釈である。アウグスティヌスは、Henry Adams, *Mont-Saint-Michel and Chartres* (Boston and New York: Houghton Mifflin Co., 1913), p. 370で引用されているように、一般的言葉で同様な思想を述べた。「悪は善の単なる妨害、善の喪失にすぎない。そして……善のみが存在する」。同様にジャック・マリタンは *Saint Thomas and the Problem of Evil* (Milwaukee: Marquette University Press, 1942), p. 2の中で、悪に関するトマス説の考え方を「悪は本来、欠除態であろうと非実在であろうと、それ自身の因果関係をもたない」という趣旨に解釈している。

6　"Weak Points of Pacifist Propaganda," in G. P. Gooch, *In Pursuit of Peace* (London: Methuen & Co., Ltd., 1933), p. 29.

7　"Ethics," *Columbia University Lectures on Science, Philosophy, and Art, 1907-1908* (New York: Columbia University Press, 1908), p. 16.

【マ行】

【ナ行】

【ハ行】

【タ行】

索引

【訳者略歴】

星野昭吉(ほしの・あきよし)

1941年、東京生まれ。東京大学大学院社会学研究科国際関係論専攻修了。獨協大学名誉教授。著書に:『世界政治の弁証法』(亜細亜大学BC)、『世界秩序の構造と弁証法』(テイハン)、『国際関係の理論と現実』(アジア書房)など。

髙木　有(たかぎ・ゆう)

1942年、東京生まれ。早稲田大学大学院政治学研究科国際政治専修修了。編集者。元雑誌『文藝』編集長など。

科学的人間と権力政治

2018年3月20日　第1刷発行

著　者　ハンス・J・モーゲンソー
訳　者　星野昭吉・髙木　有
発行者　和田　肇
発行所　株式会社 作品社
〒102-0072 東京都千代田区飯田橋2-7-4
電　話　03-3262-9753
ＦＡＸ　03-3262-9757
http://www.sakuhinsha.com
振　替　00160-3-27183

装　丁　小川惟久
本文組版　㈲一企画
印刷・製本　シナノ印刷㈱

落・乱丁本はお取替えいたします。
定価はカバーに表示してあります。

©SAKUHINSHA 2018

ISBN978-4-86182-669-6 C0010